上海抗战与世界反法西斯战争系列丛书

淞沪

淞沪抗战史料丛书

第十二辑

闸北七十三天 | 胡风 主编

淞沪火线上 | 范长江 主编

上海抗战记 | 郭沫若等 著

上海科学技术文献出版社
Shanghai Scientific and Technological Literature Press

图书在版编目（CIP）数据

淞沪抗战史料丛书第12辑：闸北七十三天、淞沪火线上、上海抗战记 / 胡风等编著．—上海：上海科学技术文献出版社，2015.4
（上海抗战与世界反法西斯战争系列丛书）
ISBN 978-7-5439-6595-9

Ⅰ．① 淞… Ⅱ．①胡… Ⅲ．①八·一三事变—史料 Ⅳ．① K264.310.6

中国版本图书馆 CIP 数据核字（2015）第 035664 号

本书由上海文化发展基金会图书出版专项基金
上海市哲学社会科学规划课题资助出版

责任编辑：张　树
封面设计：周　婧

丛书名：上海抗战与世界反法西斯战争系列丛书
书　名：淞沪抗战史料丛书第十二辑：闸北七十三天、淞沪火线上、上海抗战记

胡　风　范长江　郭沫若等　编著
出版发行：上海科学技术文献出版社
地　址：上海市长乐路 746 号
邮政编码：200040
经　销：全国新华书店
印　刷：常熟市人民印刷有限公司
开　本：889×1194　1/32
印　张：13.625
版　次：2015 年 4 月第 1 版　2015 年 4 月第 1 次印刷
书　号：ISBN 978-7-5439-6595-9
定　价：118.00 元
http://www.sstlp.com

《上海抗战与世界反法西斯战争》系列丛书总序

徐 麟

伟大的中国抗日战争，是近代中国人民反对帝国主义侵略并且取得第一次完全胜利的民族解放战争，是开展时间最早、持续时间最长的世界反法西斯战争东方主战场。在这场历经十四年之久的抗日战争中，中国各族各界人民同仇敌忾、共赴国难，经过艰苦卓绝的浴血奋战，以巨大的民族牺牲，打败了穷凶极恶的日本法西斯侵略者，取得了辉煌的胜利。正如习近平总书记所指出的，中国抗日战争“为挽救民族危亡、实现民族独立和人民解放，为争取世界和平的伟大事业，作出了彪炳史册的贡献”。中国抗日战争是在中国共产党倡导的以国共合作为基础的抗日民族统一战线旗帜下进行和取得胜利的。以爱国主义为核心的伟大民族精神是中国抗日战争胜利的决定因素，中国共产党的中流砥柱作用是中国抗日战争胜利的根本保证，全民族抗战是中国抗日战争胜利的重要法宝。

上海抗战是中国抗日战争的重要组成部分。在中国抗日战争与世界反法西斯战争中，作为中国共产党的诞生地，上海这座具有反帝反封建光荣革命传统的英雄城市，发挥了独特的重要作用，作出了重大的历史性贡献。

20 世纪三四十年代，上海这座国际性的大都市，已经成为中国与世界各国通商贸易的主要港口，成为中国经济、文化中心和政治、外交副中心。同时，上海又是当时中国最大的军港和守卫长江的大门，具有重要的军事战略地位，因而始终成为日本法西斯军国主义觊觎的一个战略要地。1931 年九一八事变后，日本法西斯军国主义进而在上海挑起了一·二八事变，发动了对淞沪地区的武装侵略，驻守上海的十九路军和前来增援的第五军与上海人民奋起抵抗，给予日本侵略者以沉重一击，成为中国局部抗战历史进程中承前启后的关键性一役。九一八和一·二八时期的抗日武装斗争和民众抗日救亡运动，在世界上率先举起了反法西斯的旗帜，揭开了中国抗日战争和世界反法西斯战争的序幕。1937年七七事变后仅一个月余，日本法西斯军国主义又把侵略魔爪伸向上海，遭到中国爱国军民的顽强抵抗，形成了以上海为中心的一场气壮山河、震惊中外的八一三淞沪抗战。七七卢沟桥事变和八一三淞沪会战，标志着日本法西斯军国主义全面侵华战争的开始。在中国共产党的积极倡导和推动下，抗日民族统一战线正式形成，揭开了中国全民族全面抗战的序幕，也标志着世界反法西斯的第二次世界大战在亚洲的东方战场正式形成。在八一三淞沪抗战历时一百多天的日日夜夜，中国军队和上海人民以其鲜血和生命，筑成了一座民族自卫的血肉长城，谱写了一曲民族团结、共御外敌的壮丽史诗。上海沦陷后，上海民众在全国人民和全世界爱好和平的各国人民的声援、支持下，面对极其艰辛险恶的环境，仍然以大无畏的英雄气概，坚定不移地继续投身于全民族抗战的洪流，对日伪的法西斯统治进行不屈不挠的斗争。中国共产党始终高举抗日民族统一战线的伟大旗帜，发动民众，团结上海各界人士，从人力、物力、财力等方面支持抗日民主根据地和抗战大后方的斗争，冒着腥风血雨，迎接抗日战争的最后胜利。

两次淞沪抗战及上海民众在十四年中不间断的抗日救亡运动，构成了一幅幅上海抗战英勇悲壮的画卷，也铸就了上海在中国抗日战争和世界反法西斯战争中的重要历史地位：上海不仅是中国对日作战的一个坚强的军事战略重镇，也是中国抗日救亡运动的前期中心和中国抗战文化的发源地；不仅是支援抗战大后方和抗日民主根据地的重要基地，也是世界反战反法西斯人士和中外难民的庇护所，是世界反法西斯舆论战、情报战的东方主要阵地，又是中国联系国际反法西斯阵营的纽带和桥梁。更为重要的是，上海抗日战争凸显了其重要的历史意义：它在外敌入侵、民族危亡的关键时刻，全面地、全方位地弘扬了以爱国主义为核心的民族精神，折射了中华民族有同侵略者血战到底的气概、有在自力更生的基础上光复旧物的决心，有自立于世界民族之林的能力，上海抗日战争在中国抗日战争和世界反法西斯战争历史上树立了一座永不磨灭的丰碑。

今年是中国抗日战争暨世界反法西斯战争胜利七十周年。在中共上海市委的领导和支持下，上海学术界和理论界，经过多年的努力，联合推出了《上海抗战与世界反法西斯战争》系列丛书。这套系列丛书分为三个子系列，**一是上海抗日战争史丛书**，内中包括上海抗战史通论、一·二八淞沪抗战、八一三淞沪抗战、日军在上海的罪行与统治、上海人民抗日救亡运动、上海郊县抗日武装斗争、上海人民支援新四军与抗日根据地、抗战时期的上海经济、抗战时期的上海文化、上海抗战与国际援助等；**二是淞沪抗战史料丛书**，选辑和汇集民国时期有关上海抗战的具有代表性的通讯、纪实、回忆录及报告文学等鲜为人知的孤本、藏本影印重版；**三是上海抗战与世界反法西斯战争研究丛书**，其中包括：资料性著作：如记忆中的淞沪抗战、淞沪抗战中文报刊资料选编、淞沪抗战档案史料选编、上海抗战历史文献选编等；专题性著作：如中国共产党与上海抗战、当代学者论淞沪抗战、国外学者论淞沪抗战、一·二八淞沪抗战画史、八一三淞沪抗战画史等；工具性著作：如上海抗战与世界反法西斯战争大事年表、上海抗战与世界反法西斯战争事件人物录等；通论性著作：在上述论著的基础上完成一部通论性著作，即上海抗战与世界反法西斯战争全史。这三个子系列丛书各有千秋、各具特色，在集结出版后，更能起到互相参照、取长补短的作用。可以说，这套系列丛书是上海学术界和理论界研究上海抗日战争和世界反法西斯战争的一项重大的学术成果，是对上海抗日战争史研究的一个重要总结和一次集中展示，也是向中国抗日战争暨世界反法西斯战争胜利七十周年献上的一份厚礼！

“疑今者，察之古；不知来者，视之往”。历史是最好的教科书。《上海抗战与世界反法西斯战争》系列丛书的出版发行，更是为了向社会提供一部能够弘扬时代正能量、培育与践行社会主义核心价值观的好教材。让我们站在新的历史起点上，进一步铭记历史、缅怀先烈、珍视和平、警示未来，为实现中华民族伟大复兴而奋斗，为促进世界的和平和发展作出我们应有的贡献。

2015 年 3 月

出版说明

《淞沪抗战史料》丛书充分利用上海图书馆馆藏资源，将已见或未见的关于淞沪抗战史料以影印的形式出版，内容涵盖两次淞沪抗战，即一·二八淞沪抗战和八一三淞沪抗战，力求比较全面、翔实和生动地反映淞沪抗战的全貌。

两次淞沪抗战，是中国人民伟大的抗日民族解放战争的重要组成部分，特别是八一三淞沪抗战是在中国共产党的抗日民族统一战线政策的指引下，以国共两党的合作为中心，全国各爱国党派团体、中央和地方各系抗日军队、各界爱国民众以及海内外侨胞，在抗日御侮、共赴国难的基础上发动和进行的，堪称民族自卫战争史上的伟业。它体现了中国人民血洒沙场、拼死抗战的决心和民族团结精神。在抗战胜利 70 周年之际，阅读这些史料，重温那段中华民族优秀儿女面对强敌、誓死抗争的精神，就是最好的爱国主义教育。两次淞沪抗战展示了中华民族奋起改变自己国家命运的伟大信念，爱国主义激发出全体中国人民的巨大力量，这种信念和力量，在今天仍然弥足珍贵，令人心怀激荡。两次淞沪抗战中那些大气磅礴、气壮山河的史诗故事，均在本套丛书资料中有翔实的记录和质朴的史料作为佐证。

由于各种原因，原书中存在着印刷错误，而且有些细节也与史料不符，对书中的一些观点我们也不完全赞同，为了给读者提供最原始的抗战史料，对上述问题未做任何处理，希望读者能够给予理解。

编者

2015 年 3 月

目　录

七月文叢

閘北七十三天

S M

七月文叢 3

閘北七十三天

SM

胡風主編：七月文叢

閘北七十三天

◁每冊實價八角五分▷

作　　者　　S. M.

出 版 者　　海燕書店

通訊處：香港擺花街三三號

中華民國二十九年十二月出版

目錄

9

閘北打了起來

從東亭到安鎮是十公里。因爲愛惜皮鞋，我脚上穿了一雙破舊的，不時有沙子之類從鞋底磨穿處鑽進來，瓜絡的鞋墊也碎成一片一片刺脚的東西，不怕走路的人到了這裏也祇有一肚子的咕嚕了。課目是靜肅行進，連絡法，受敵探照時之處置……。遠處有乳白色的手燈光緩慢地移動着，反覆探照着馬路底彎曲處，一下給馬路左側高大的屋影擋住了，一下又從濃黑的樹林中透出來，滿天的星，滿田的螢火，滿耳的蛙聲，反襯着這無光無聲的人流。停一下，又走一下，一個個蹣跚的背影。偶然，也有人咳嗽一聲，兩聲的。人全疲勞了，疲勞得不願意再說一個抱怨的字，祇是半意識地惰性地走着路了。忽然，有人從後面那樣緊急地趕了上來，脚踏車差不多是從隊伍中衝過去的，這裏。人一下清醒起來，連忙回過頭來看，可是脚踏車早已飛了過去，星與螢火以外看不到別的東西。隊伍如夏天黃昏的蚊羣，由低聲底集結，變做咆哮的夜潮，開始彼此探問，雖然有軍官們叱罵着壓制着，聲音仍舊是浩蕩的；並且，就是軍官們，也一樣在說着話，甚至有反向士兵探問什麽的。

「什麽事？」

「來了麽？——」

前面起了一陣急促的馬蹄聲，隊伍剛開始避在路邊，營長底跳躍着的連人帶馬的影子立刻飛到背後去了。脚踏車也在這個瞬間過去，那是團部底一個傳令兵，認出來的人連忙大聲問他：

「他媽底小舅子——有什麽事？……」

「你他媽的小舅子！」遠遠地擲回來一句給風把尾巴吹得不怎麽完整的話，

「團長才……一個人知道！」——

一營人立刻往回帶，課目：急行軍。

人又不說話了，低着頭走，蛙聲以外，祇有一片沉重，急促，混亂的腳步聲，有節拍的刺刀在鞘中的轉側聲，不容易聽出來的皮帶磨擦的「吱咕」聲。可是，這次人却是在沉思，全不是睡眠狀態，我也一樣，喜悅的興奮與不可知的惶惑把我底思想引得很遠。但是我底小腿是在那麼粗大起來笨重起來，沙子與石子更多地鑽進鞋子來，我痛苦得出了熱汗，變做小步子落在後面，還打算一到家裏就洗腳呢。心比腳走得更快，路却在急行軍中反更修長，到我們這一營人回到東亭，有幾連人已經在那裏搬運東西了。滿街是兵，幾個挑了子彈過去，幾個又抬了蚊帳過來，團部門前堆滿了東西擠滿了人，河邊的幾隻船上裝卸着什麼，還有牽着騾，馬的。那時候是剛十點以後。

營長穿着汗還沒有乾的襯衣立在營部門口，看見了我，立刻止住我。

「陳排長，陳排長！……」

到我走到了他底面前，他低低地告訴我：

「今晚我們就要出發到上海去，十一點鐘登車完畢。你回去要他們赶快準備好——東西用不着的全不帶，祇帶槍枝、子彈、背包——上海今天情形很緊張，我們已經下了决心的，不過這個這個，可以不要對士兵說什麽，嘸嘸，只說動員演習就是，嘸。還有：你們人到齊了沒有？有落伍的沒有？」

「全回來了，沒有落伍的。」

「那好。」

在淡黃色的電燈光下，他薄薄的嘴唇變做了一個微笑。我一面把右手舉起來行禮，一面也答以微笑。因爲我太歡喜了，雖然我仍舊不相信這一次眞會發動什麽戰爭，聽了這樣的話，如夢裏看見了什麽渴望的東西，也就當作眞看見了這們東西一樣。我立刻跑着回去。才休息了一下的脚，一走起來特別艱難，路上來來往往的人又阻擋着我。兩個兵抬着一個軍衣對面跑過來，前面的一個，那樣通紅的臉色，張着口，大步大步地，把我底右肩猛擋一下，可是他頭也沒有回過來。對長官微笑，一個兵撞了長官，敢不立正，這在平時都是不合「紀律」的，可是，到了抗戰底前夜都成了沒有意義的小玩意兒。我不由自主地後退了幾步，揉了一揉右肩，又跑了起來。

從東亭到無錫車站有六公里，一切事又都得開始做，短短的半個至一個小時怎麼對付？我還洗腳？

一回到華家墳我就去找連長，連長也正在找我呢。我還沒有開口報告他營長底話，第九班班長中士應得標來找我。

「報告排長！這個，我班裏有兩個病的，這個，唵，多一棵槍，唵，祗能挑一担子彈，……」

不等應得標說下去，連長拍了一下桌子把茶杯都震得跳了一下，咆哮着，一下跳了起來。

「多一棵槍也要你帶，少一棵槍也要你帶，——挑一担子彈？我連長，排長給你挑一担好嗎，——有病？放屁！這個時候來有病！有病也要去，就是死，也要去，報告你媽啦個臭屄！這個報告那個報告！……」

應得標，面向連長，給罵得臉色發青發黑，嘴唇動着動着說不出一句話。我給連長一罵也弄得沒有辦法，祇得把營長底話來支吾。我不好過。可是連長還是「渾蛋」，「渾蛋」，「媽啦個臭屄」地罵個不止。應得標遲疑了一下，白着眼轉過身子去就走，並不鞠躬，一面走一面喃喃地在說什麽。

準備的事連長已經知道，他還給我看了命令。他告訴我規定攜帶的東西，集合的時間。照規定，排長每人祇能夠帶三十斤的行李，這是沒問題的，不能夠帶的東西我存放在什麽地方就是，或者簡直送人也可以，但是我想到了應得標底報告心就發愁，一班人裏有一枝捷克式的輕機關槍與八枝中正式的步槍，每人攜帶二百發子彈以外還有那麼兩担，彈藥手還有特別的五、六百發，預備槍管與零件也需要一個人，這樣，一班裏得有十三名兵才夠對付，可是我這一排裏每班總祇有這麼十一、二個人，還有害病的，如第九班，十二個大兵，高得勝昨天吐了血，關士邦有幾天沒吃飯了。

「報告連長！東西帶不完却是個事實問題呢。」我抑止着憤怒，小心地用商討的聲調說。

「唉！陳排長你眞是！」連長不以爲然的樣子，揮一下手，惡毒地望了我一眼。「像你這樣帶兵是沒辦法的。兵依得的麼？兵是狗，猪，非壓迫不可！你看，他們會帶完的。你一依他，他就爬上頭來拉屎。你老依他！」

「照編制每班是有十六個人的。」我還是抑止着憤怒。自從到了軍隊裏，青年的憤怒在我是無從發洩的。但是我現在却繞一個圈子向連長進攻了。「可是師部在我們這一連上的『記名』就有十個之多。這對於國家說，戰鬥力上是有不小的損失的。帶不完東西還是小事。」

連長底臉紅了一下，頭低下去，手掌拍了一下左膝。我底話刺傷了他了，因爲他也有『吃空名字』的事。可是他却裝做不勝感慨的樣子，大聲叫了起來：

「中國軍隊眞黑暗！我說，非殺不可，我說！——陳排長！你回去看一看，第三班準備好了沒有？——那末，那末，每班最多可以繳一枝槍到連部來，假使人眞不夠的話。好，你看吧。……」

一個營部底傳令兵走進門來，鞠躬，立正。

「報告連長！去領手榴彈。一連六箱。」

「哦，那末，陳排長！你排上派兩個勤務來。」

大殿二殿裏全是蠟燭光、電線有人在拆收，巨大的人影在牆壁神像上移動，震動，彼此重疊，擴大與縮小，結合與分離，側面變做正面。有幾個兵狗一樣爬在地上摸索他底什麼東西，有幾個在那裏捆背包拍打着軍毯，還有一個翹着的屁股在看不清楚的黑影裏幾乎絆倒了人。地上亂七八糟地全是東西：稻草、「叮噹」發響的圓鍬、「不要踏哪」的手榴彈、「我底鐵帽子㑚媽那一個拿了」却一腳給人踢了出來的鋼盔、背包、散開的子彈帶、衣服、扁挑……，人來往奔跑着，進進出出，口裏叫着什麽，也有彼此高聲大罵的。各種東西相觸的雜亂的聲音，拖過子彈箱來的磨擦的聲音，水壺落在地上的空洞的聲音。

我走進了自己的寢室，傳令兵胡春樵已經把我底行李弄好了，桌上有一些廢紙。第一排排長底行李也整齊地放好在門邊了。

「排長！九班班長來過，段排附也來過。」

「嘸。」我從袋子裏挖出錶來一看，剛好，十點半。「傳各班，快一點把東西都弄好。七八班，每班派一個勤務，到連部集合。」

胡春樵走了以後，我用手一推把床板上的稻草推開了一部份，懶懶地坐了下去。但是我立刻又立了起來，脫了帽子換了鋼盔，解開了皮帶，把『快慢機』掛在身上，又掛了圖囊，又扣上了子彈帶——想，還洗洳麼？

第七班班長上士段其祥走進門來，鞠躬，含笑地。後面跟着胡春樵。

「排長！是開差麼？」

「營長對我說是動員演習。」我忸怩地說了一句曖昧的話。

「排長！」段其祥笑出聲音來。「這瞞什麼呢。打日本，誰不喜歡？誰不巴望這一天？我保險打日本當兵的沒有一個開小差的。那一個當兵的不樂意不喜歡呢？」

「段排附早已知道了。」胡春樵也笑起來了。那笑，像操作中讚許他底動作好的時候的一樣，那樣發着光輝。

我完全窘了，我說了眞話。營長底囑咐給我拋棄了。

這個時候，應得標搖搖擺擺地走了進來，臉色是灰黑的，塗過油一樣閃亮，鋼盔歪戴着，腰上笨重地纏着三條彈子帶如彌勒佛底肚子儘往下沉。在他後面的是第八班班長中士何勝榮，也着好了裝，並且自己背着預備槍管。再後面是第八班底副班長下士姚榮安，全副武裝的一等兵陳中元。

「排長！這次要打倒日本帝國主義了，我們中國人也要出一口氣了。」

不讓陳中元試探的話說下去，應得標沉着臉叫起苦來。

「排長！我又去報告了連長。我自己出錢，雇一部車，這許多東西，唵，高得勝又走不得——連長又不答應，這個……」

「你多多少東西？」

「十二個人，兩個實在有病唵，又不是喜歡害病！又不是我教他害病！我一個人背兩棵槍，一把斧頭，一個十字鎬，兩袋子子彈，唵，這個，唵，這個，還少一個人背槍。輕機關槍零件。這個，唵，我已經分開，唵，唵……」

「排長！我班裏東西也帶不掉。」

「我也多很多東西。排長！你可以報告一下連長。」

做排長的苦笑起來。「好，每班送一枝槍到連部去。別的，想法帶吧，爲了抗日，就吃這一次苦算了吧。」

「排長！」應得標搶着叫了起來：「這樣就好。又不是吃的東西，可以，這個吃到肚子裏去的。又不可以丟掉，國家底東西。不過，排長！高得勝，喃，這個高得勝，鬭士邦兩個人這個這個我可沒有辦法，我又不能夠替他害病。」

「我這一班人最少，多一枝槍。」何勝榮說。

「我東西能帶。這樣一來一去，脚都膟起泡，我怕走不了路。」段其祥說。

「好在路近。」又轉過臉去對何勝榮說道：「我已經跟連長說好，把槍繳一枝到連部去就是。」

「繳一枝槍以後還多一枝。」

「那末……」很沉吟了一下。「好！你去拿一枝槍來，我來背一枝！」

「怎麽好叫排長……」

一排長也不過是一個人——你們還有別的問題麽？」

「排長！」應得標說了半句話就停住了。「高得勝……

「要副班長陪了他先慢慢地走。」

「這個，這個他底東西？」

「把背包交給胡春樵挑。」

何勝榮，段其祥都笑了起來，弄得應得標也不好意思地在陰鬱的臉上有了笑容。陳中元底笑聲最高，胡春樵把行李用扁挑試了一試。

「大家快一點去準備好，時候已經超過了。」

大家退了出去。我望着『薛大元帥』底塑像，望着那神幔上的『威震天山』四個大字，想着一二八，想着一片瓦礫的閘北，不自覺地輕輕地歎了一口氣。自己並沒有『征東』的野心，衹是不願意做奴隸罷了。自己入伍是一二八以後的事，第一次作戰就是對日本的叛逆，假使戰爭果然發動了，這眞是自己底幸福，但是又担憂着軍隊底紀律與自已底經驗和指揮能力，這要從血裏去試驗，這要從血裏去學習。『征東』的勝利一樣是可以有的，只要能夠堅持這個戰爭，不再像一二八，每一個二等兵都會變做薛仁貴的。可是戰爭眞會這樣起來麽？

走出去一看，人仍舊叫嚷着，奔跑着，忙亂着。但是多數人已經着好了裝了。看一看表，十點四十五分，還沒有集合。還有人在地上摸索。一地的亂草，沒有人掃地。

「各班把地掃乾淨！」

囘到寢室裏，自已拿起掃帚來掃地。尹樹民送了一枝槍來。

到十一點零三分，外面才吹起哨子來。可是事情還沒有全部做了，仍舊有人來往奔跑，這裏那裏叫嚷。

遠遠飄過來使人緊張的集合號聲。

連長底叫罵像一串鞭爆一樣，在手燈光裏跳來跳去沒有完結的時候。「須子彈怎麽還沒有回來？他媽啦個臭屄！——你跑什麽！跑什麽！你看我揍你個龜孫！——誰嘀咕？誰嘀咕！嘀咕的就是他媽啦個臭屄的龜孫漢奸！——集合！集合集合！不來不等！老子要槍斃幾個狗鷄巴肏的！……」

好容易隊伍才帶着一路上的散兵走。團部門前仍舊忙亂着，一個綽號驢子的副官也在那裏跳脚駡人。隊伍才走到大橋邊，就給別的隊伍擠住了。

從東亭到火車站這短短幾里路却是如此難走的：人都沒有洗過脚呢。每一個步槍兵有一枝槍、二百發子彈、四個手榴彈、刺刀、鋼盔、工作器具、一個水壺、一個裝滿了雜物的乾糧袋、一個背包、飯碗與洗臉用具，有的還帶着防毒面具，這些東西在極度疲勞以後的人是並不輕鬆的。走不到一公里，距離間隔就沒法保持了，有人開始呻吟了，有人開始落伍了。我底脚像兩根木頭，祇有一半的知覺並且是異樣不痛快的知覺。沙子愈來愈多。

一個黑影落到我後面去，我一看，原來是有脚氣病的何凱。

「怎樣？一

「報告排長！實在走不得。」

「努力一點趕上來。」

「是，排長！」

一等兵熊健華也落在後面來，離開前面一個人大約有七八公尺的樣子，他那樣歪了頭，一下槍上肩，一下托槍，一下又把槍掛在頸子上像一根扁挑，一下又是一個特別的花樣，把槍背着了。關士邦底步子像『改組派』的脚，又穿了緊鞋子；應得標跟在他底背後，一面走一面威嚇着他：「我看你是想死，你要我打你麽！」陳中元因爲醫院解散才歸隊的，病還沒有十分好，也剩在後面了。梅小龍不聲不響忍耐地走他底，看起來像一個獨行者，那樣與人無關的樣子。這樣又走了一段路，我看見了高得勝與任友泉。我招呼任友泉：

「你看有車就給他叫一部車，怕火車馬上要開。」

「那裏有錢呢！」

「錢我有……啊唷排長！嗯，我眞走不了啊！」

「慢慢地跟上來——後面還有一個何凱。」

漸漸地有人偷偷地到路邊去休息了，繼續走來的人可以看見有人坐着或者躺着，有的把槍橫在路上，人一不小心就會給絆痛脚和挨罵，因此大家都走到路中去。還有點起紙煙來吃的，一點紅火突然從深黑中發光，隨卽又暗淡了去。一連人底長徑沒法計算，行列也失了形像，一定像一個擴大的散兵行了。有軍官們與班長們叱罵什麽的聲音。我自己，走在一連人底後面，無形中有一種責任，我得注意落伍的人，尤其是帶着槍的。可是夜是這樣黑暗，人又疲勞與緩慢得像一隻耕種了一天走囘家來的水牛，並且，自己也很想這樣坐一坐，或者立一立也好。附近有貪婪地吃水的聲音，黑，看不見。

終於走到城市附近。疏疏的電燈照着人影，馬路這邊有三個，那邊有五個，但是多數人仍舊集結着，不過已經不是什麼行軍縱隊底整齊的三路，而是那樣彗星尾巴一樣的東西。有立下來小便的，弧形的尿給電燈光照得發出白銅色的光輝來，有把背包解下來做枕頭，死了一樣躺在路邊的，有一面走一面仰着頸子灌水吃的。軍官們走過，看一眼，因爲不是本連的，就像不看見地一樣過去了。第一連一直向前走，第二連、第三連、第二營、第三營落在後面落得很遠。有罵着人一直趕到前面來的。有背兩三枝槍的，有用槍托挑背包的，有完全徒手了還是那樣一蹺一擺的。街道完全靜寂，祇有一隻狗吃驚地大叫了幾聲，叫過以後又倒着尾巴在喉頭低聲咆哮着閃入黑影中去。以外全是脚步聲；那樣沉重，那樣雜亂，把整個街道都震動了。

到火車站是十二點二十七分。

機關車吼叫着，匆匆地開過來，又匆匆地倒回去，這一節車箱拉了過去，那幾個車箱又推了回來，這幾個車箱剛結合好，那幾個又分解開了，強烈的燈光，發紅的烟，軌道上還落下來一些紅熱的煤屑來，那樣黯淡下去。月臺上這裏那裏不是高高地堆着東西，就是把東西攤個滿地，有行軍鍋灶，有子彈箱，有山砲，有機關槍。又是來往奔跑的人，叫嚷着的人，有的已經登車，脫下了衣服閒着人，也有咬吃什麽東西，把皮、核之類向車窗外面亂吐的。有一輛做車上全是紅馬。機關車又沉重地喘息着疾馳過去，電燈光中留下了一捲銀白色的表裏通明的水蒸汽。

隊伍還沒有立作脚，就帶到別的地方去了，但是又莫名其妙地停止在一個地方。沒有登車的時間，車還沒有預備好呢。剛剛連長集合過，又是官長集合，營長又有話說了。

第一列車開出去了，火車上吹着前進號，有一個兵追着開走的火車跳了上去。時間是一點以後了。

本來我們這一團是第一列車的，可是結果却變做第二列車了。始終沒有登車的時間，機關車始終奔跑着，大吼着。說，天明以前得到閘北，那怎麽成？

弟兄們有的去買了東西來吃，有的坐下了默默地吸烟，也有彼此談話的。軍官們全忙亂着。我給連長請去三次。最後一次要我跟了營部副官周克雄去分配車箱，一列列已經編成了。一根横在地上的木頭絆倒了我，我底左膝上出血了，褲子在膝頭上裂開了，傷處嵌入黑色的煤屑去，我祇得用嘴去吮，吮了好久弄不清潔，一面走，一面發痛，結果，別的連上都分配到了車箱，我這一連却還等着。營長發怒了，不說話，兩眼威脅着人。原來那一個車箱，團部副官一面分給了第一營，一面又弄錯了分給別的單位，上面已經塞滿了人了。到吹起預備號來的時候，這問題還沒有解決。我走了回來，兄弟們都在等我底信，有咕嚕的，隊伍早已整理好了。我把情形報告過連長以後，又跑去跟在營長與書記官邱廠子底後面，總算弄到了一輛漂亮的三等客車。於是我去引了人來，人像蜂一樣，搶着向蜂房裏鑽，槍托撞在車箱上發出大聲，也有踏痛了人底脚使後面的人叫駡起來的。

一到車箱裏第一我就卸下身上那些討厭的東西來。但是我祇在門邊找到了一個位置，人坐滿了，不，人擠滿了。末後我走到平時車上的小販們在那裏煮牛肉、燒開水、安放香蕉麵包之類的小室裏去，傳令兵胡春樵要把我底行李打開來，說我還是躺一躺好。那裏已經有了兩個人，二等兵彭輝與尹樹民。我不願意一個人享福，制止了胡春樵。我輕鬆了，事情已經弄好了。我點了名。

車箱裏嘈雜地講起話來，還有高聲大笑的。

「日本壓迫我們，今個兒我們可要壓迫日本嘞。」

說話的是第一班的中士班長白洪有，聲音雖然不是最大的，却是最清楚的。我想想笑了起來。那時候，我還是不相信抗戰眞會起來的。可是我聽了白洪有底話，心很痛快。我擠着走了過去，問道：

「怎樣，這一次打仗，你們心裏想？——」

「排長！你若這一次打仗那一個最勇敢！」一個兵連忙搶着這樣說，聲音是特別剛強的，也是驕傲的暗示着他所說的正是他自己。

「那一個還怕死嗎！」另一個不以爲然的神情。

一個兵把位置讓給我坐。

「排長！」白洪有問道：「你看中國勝呢還是日本勝呢？」

大家附和着。

「這要看你們，你們要勝還是要敗。」

段清生大笑起來，笑得像驢鳴。另一個最會笑的上等兵郭少玉也那樣大笑着，笑得像一隻叫鴨子。

前進號起來，車身漸漸移動起來，電燈光一明一暗地。人點起蠟燭來。不久火車就奔馳在深黑的原野中了。天上星已經變過位置，又聽見了蛙聲。

談話繼續着。

「我一定要多殺幾個，殺他老子一個痛快。」

「我祇要夠本。」

「不，我還要利息哩。」

火車速度增加了，聲音嚨大而嘈雜，從車窗外飛進冷而新鮮的空氣來。震動均勻，有人打着呵欠，有人歪着頸子張開着口睡熟了。火車走過一座鉄橋，發出空洞的大聲。

「抗過日我就不當兵了，我就回家去種田了。」

「抗了日，我死也就甘心了，也樂意。總算當兵也當出了這樣一個好結果來。」

「假使不是打日本，又是自己打自己，老子不開他媽底小差眞不是個人！」

「眞的，在江陰營房，我倒眞想過開小差的。哈！」

火車底煤烟吹進窗來，有嗅了不好受的煤氣，窗外不時有幾點火星很快地一直線地飛到後面去。蠟燭焰一下歪了過去，光收斂得很小，要滅的樣子。「砰」！幾個人不約而同地關上了車窗，蠟燭重明了。一個人用兩隻手搽着眼皮，搽得那麼發紅，一粒煤屑吹入了眼裏，哭一樣流了淚，口中痛罵着。後來對面的人那樣捧住他底頭又用手指撥開他底眼皮吹一口氣又吹一口氣，火車連續馳過了兩座小鐵橋。

「排長！你怕不怕？第一次上火線是有點怕的。」

白洪有忽然這樣問我。幾個人都笑了起來。我到這部隊來連六個月見習期間在內正好才一年。他們知道我沒有上過火線。他們常常有這樣的表示：如我們這樣的人，『一張嘴』是最行，就是上講堂是沒法和我們相比的，野外與操場也不得不輸給他們，可是他們有他們底最後一着，行伍的有的是豐富的經驗，作戰的時候能夠『沉住氣』，不怕死，反之，如我們這樣的人，聽到第一聲砲聲就沒有腦子了，事實上也往往有臨陣脫逃的，對我，他們倒不是惡意的，我和他們相處得很好，彼此互相了解到如看一潭清水一樣，不但建立了親切的感情，雖然有一次他們在火夫房裏也議論過我，給倒熱水去的胡春樵聽見了，但是白洪有說這話却是開玩笑的成份多，因爲我正和他們一起在向我們的大上海前進，他們是不必再懷疑我的。自然，他們有一個很深的觀念，『××的』總難免如此這般，我是一個軍校學生，因此我雖然有許多地方很與衆不同，在砲火之前，這樣嚴重的問題之前，我終於也會像一個『××的』底樣子的，正像狗總是狗，即使顏色有黃有白，形狀有大有小、性格有狠種的與有討人喜歡的哈叭之分，這一隻狗決不能夠完全不像那一羣狗、而像獅子或者兔子。在他們底哄笑中，我倒有些窘了。我沒有想過這個問題，也沒有想到過。眞的，我祇憂慮着我底指揮能力，以及他們底『發洋財』的習慣，別的，我什麽也沒有想到。現在這問題突然提出在我底面前，並且正好是必須解答的時候，我眞有點茫然了。我祇是如平常一樣，我並沒有什麽感覺，這不過我自己知道，但是我將怎樣答覆白洪有和那些含着善意的微笑那樣迫切地期待着我底回答的盯住我的眼睛呢？我不知道。我不愛『吹』，也不敢『吹』，雖然這是最容易的也是最討好的。我這樣的意識，使我們這樣一羣把死看成個自然的結束與戰鬥的必然，怕麼？不知道。不怕麼？也不知道。我沒有感覺到怕，也沒有感覺到不怕，我祇是如吃飯、穿衣一樣，不覺得有什麼新鮮氣味在裏面。我又不能夠預約，在火車中我是平平常常的樣子，砲聲響了以後會怎樣，心理上會有怎樣的反應與改變，我完全不知道，也沒有把握。

「我說老實話」，我想了一想，這樣緩慢地回答他們道：「或者我最怕死，一聽見砲聲就抖得像一個落水鬼。但是誰知道呢。我們大家看吧：誰最怕，誰最勇敢。不過我想呢到了那個時候，怕也是要死的，不怕倒未必會死，那怕跟不怕還會有什麼問題呢。連最『窩囊』的，恐怕也會變成最勇敢的吧？我們，大家都是平常人，血肉做的人；黃天霸戲裏才有。我們總勉強自己向勇敢的路走吧。怕麼，怕就是滅亡。譬如中國怕了日本，現在是多少危險呢，丟了東北平津，假使再怕下去，就整個全完了，是不是呢。」我停了一停。大家都在聽着我呢。「最後一句話：我們要彼此監督，彼此幫助。不要因爲我是個排長，不勇敢，怕死，把事情弄壞了，你們也不好意思說話；也不要笑一個怕死的人，要幫助他。眞的，我們這個時代，正是要不勇敢的人也勇敢起來，怕死的人也要咬着牙齒向死路大步大步走過去的時代，活或者活不成的時代。」

「排長！」二等兵關士邦說起話來。他是那樣可憐的樣子，面色白而微青。他原來是在南京拉人力車過日子的。因爲車租欠得太多才當了兵，他底綽號就是洋車。他底胆是最小的，班長聲音一大他就像一隻老鼠躱到黑暗的屋角中去了。因爲這樣，這次行軍，雖然他正害着瘧疾，他還勉强帶着不少子彈走了來，那麼狠狽。從江陰到無錫來的時候，他聽說就要對日本作戰，開始這幾天連飯也不吃，祇是呆坐着想他底心事，夜裏別的人醒來總聽到他翻來覆去的使軍毯下面的稻草發出不斷的綷縩聲來。他一說話，薄嘴唇那樣抖着，眼那樣不安地活動着，

「排長！我就是怕，我老是怕呢！排長！我要不怕也沒有用。排長！我要不怕！我總要不怕！我恨日本人，可是我又怕，怎麼，排長！我怎樣才能夠不怕呢？—

我與關士邦底話，引起了大家底爭論。我底開始的幾句話使大家失笑。關士邦底話引起的反應却是複雜的，有的白了他一眼，有的駡他不應該當兵，有的紅着臉望着他不作聲。

「初上火線是有一點怕的，怕過就好了。」

「可是，」另一個兵提出了反對的論調。「新兵才勇敢吶！他什麼都不曉得，他不曉得利用地形，不曉得敵人在那裏，不曉得危險，不曉得死，祇是拚命放槍，那裏有槍聲過來，他就祇曉得向那裏放槍。」

結論是：第一次上火線不免有一點怕，槍聲響了以後　就沒事了。

關於我，以後在閘北的七十日中使他們信任了我，開始的時候還使他們用一雙新鮮的眼來看我。關士邦在接觸一開始的時候就病得走路都脚軟，但是一個輕易的命令他還照樣做成，漸漸地，在鐵與火中，他終於也變得堅强了。

「排長！」關士邦因爲被幾個人罵了，更不好意思，那樣心虛地望着這個望着那個。「我就是怕，我就是要打日本，我就是不開小差——他媽底心要怕！這樣怕，現在還怕，我眞不知道怎樣才好。我不開小差，我要打日本鬼子，他媽底他坐我底洋車我就不舒服，一面拉一面想幹他，可是我又怕他底棍子。我祇是怕，並不是不願意死。」他那樣嘮叨着，却興奮了，也特別顯得痛苦。

我陷入沉思裏。到這裏我又說道：

「誰不要活？誰不要活而且要活得享福、住在花園裏，天天吃魚翅，海參，穿綢穿羅？」我望着大家，我忽然想起，這是一個最好做政治工作的時候，自然我沒有黨派關係，我祇是根據了事實來說話。「可是日本帝國主義者却不許我們享福，甚至不許我們活在世界上，活在我們中國這塊土地上，我們自己底土地上！……」

「嘔！眞他媽底氣人！……」一個兵在旁邊低低地却是那麽用力地說了這麽一句話。

「說，這是他們底『生命線』呢。他媽啦屄！」我到了軍隊裏不久，就會隨口罵人了。「是什麽『生命線』呢？是他們底軍閥要想升官，有功，他們底資本家更能夠多刮中國底錢。要中國底煤礦，鉄礦，就是搶我們底飯碗！他媽啦屄！」我又罵了。「他們本來已經享福的，連我們這可憐一碗黃米飯，也要搶過去，爲了他們可以更享福！——」

「排長！這一次我一定做奮勇隊，排長，你挑奮勇隊有我一個。」一個兵不等我說完，也不給我說完，就情急地要求我。

「我也算一個，排長，……」另一個兵遠遠地叫着，把旁邊一個睡熟的人叫醒了，憤怒地用發紅的眼望着他。

「老子肏你姊！老子到上海不殺他個『雞犬不留！』」

「我們這一次一定要打倒小日本！」

「我要捉活的，捉了來挖心炒韮菜吃！怪香的呢！哈哈哈哈！」

我底結論沒法做了，問題轉到俘虜上去了。我本來打算說下去，我們假使要活就得先去死，至少不迴避死，與我們有抗日必要的理論，以及說明抗日底結果將是什麼與必須是什麼。可是一牽涉到俘虜問題，大家底心就更緊張了，更激動了。那樣的話我沒法再在一片叫囂中說下去；並且過分的情感也得糾正，這也是有必要的。

「你爲什麼要吃日本人底心呢？」我問那一個有張紅扁的臉的人。

「爲了他媽底太心狠！」

「你吃人底心不也太心狠麼？」

「不，排長！我不吃好人底心的。我心不狠。」

「日本人個個都狠麼？」

「都狠，當兵的，到中國來的不狠也狠！」

「你知道這一次有一個日本議員，叫什麼名字的，要逃到中國來，反給他們底憲兵捉了去，爲了中國，現在不知道是死是活，報紙上登過，你知道這樣的事麼？」

他完全驚異了，出乎意外。他那樣瞪眼張口的。但是立刻又搖搖頭，做了一個不相信的神氣，撫摩着他手中的槍，說道：

「那是假的。」

火車又走在一座頗長的鉄橋上，「空隆」的聲音使說話費力。

「那末，我反問你，中國人個個都是要打日本的麼？」

「當然是！」他毅然回答。

「那一個不想打日本！」另一個聲音。

「你知道有漢奸麼？」

「漢奸！殺他全家！——」

「問題是在這裏：中國人個個要打日本，但是也有這麼幾個漢奸，日本軍閥、資本家要滅中國，也有很多想同中國做兄弟的人。」

「排長！不是你說這話，我就當你是漢奸！」

「陳排長！日本有好人，爲什麼個個當兵到中國來打中國呢？」

「譬如內戰的時候，你們願意自己人打自己人麼？」

「不願意！」

「不願不願！」

「那末，爲什麼會有內戰呢？這就是說，你們在壓迫下，在欺騙下，或者爲了生活問題，你們也衹得到火線上去，去送死，去做砲灰，也去殺人了。他們也一樣。所以，你們假使殺俘虜，吃心，不但不應該，正好中了日本軍閥底計，他們可以向外宣傳說中國野蠻，使他們不同情我們。尤其，日本兵左右都是死，繳槍給我們也是死，他們就要打硬仗了，我們底抗戰就要多一年，兩年了，日本軍閥又可以向他們底兵，他們底老百姓宣傳了——這樣，他們捉了我們底人去也會一刀殺掉的——」

「假使我倒霉給他們捉了去，我倒願意給他們殺了好！」

幾個人在嘅歎着。說到了這裏，問題又改樣了。火車一下駛入了燈光輝煌的月臺，「嗤！——」放了一下氣就停住了。賣荸薺的小販們走近車窗來，口中兜售着。有下車到月臺去活動活動的，有去大便的，有去問小販們買物或者和他們開玩笑的，有問到上海還有多少路的，有跑過自來水管那裏去接了流出來的水來洗臉的。在車站上停了有二十分鐘，一列客車到了。

開車以後談話又回到怕不怕上去，我這次沒有參加，我祇聽到了一句話：

「老兵怕機關槍，新兵怕大砲。」「死了算雄！去屌！」

我靠在車窗上。火車完全在黑暗中前進。夜是如此黑的，可是也更接近明朝了。從黑色中我辨認出灰白色的小路來，也看出來更濃的一團一團的樹影向左肩後面飛。又是落在地上的火星。微冷的空氣與不小的風帶去了我底夢，我更清醒了。回頭看看車箱裏的人，有一半入睡了，有抱着槍的，有把頭靠在別人肩上的，有伏在自己膝上的，有半個屁股滑下了坐位那樣歪在別人腿上的，有口角拖着十多公分長的口涎的，有給人壓得在夢裏叫了起來的。談話不知道是什麼時候終止的。他們需要休息。蠟燭熄了幾支，剩下來的也已經不多，那樣堆積着燭淚，燭焰搖擺着，車箱裏光與影也不斷搖擺着。火車不停地駛過了一個無光的小站。

天漸漸地朦朧起來，這是漸漸地明亮起來的朦朧。火車前進又前進、不停止，也不疲勞。烏鴉飛起來了，喜鵲也叫起來了。原野裏流動着冷風與白霧。水塘與小河特別反射明亮的光彩。火車底煤煙像鬱積的怒氣，拂着天，拂着房屋，又低低地拂着田野，末後却擴散在空中。這樣駛過了黃渡，駛過了南翔。人都醒來，不再疲勞了，洋溢着一身精力，伸一伸腰，伸一下手臂，「呱！」一聲脆響。天全亮了，是八月十二日了。經過的村落裏的農人們睜了好奇的詢問的眼向這一列車立着看。這樣，火車不久就到了眞茹車站，停止了，機關車脫離了，「嗚，嗚，嗚，——」地叫着到別的什麼地方去了。

下車。

我們一團人在大夏大學前架槍卸裝休息，停止待命。

在車上，我已經看見過了命令與要圖。我們第一營底行進目標是閘北底宋公園路、『正圓路』，正面右翼從靑雲路起，左翼到『洛陽橋』止。因爲我在上海住過，連長就有要我做嚮導的樣子，可是閘北對於我是十分生疏的，這樣也就算了。但是我一下車就問當地的人，什麼地方是宋公園路、『正圓路』與靑雲路、『洛陽橋』？怎樣走法？雖然上海市底保安隊裏已經有嚮導派來，我們還找了一個『老百姓』來。『正圓路』與『洛陽橋』是弄錯的，那是止圓路與濟陽橋，眞要命！

上海底姿態在我是這樣熟習的，大夏大學前的商店與飯館子更使我想起被燬的中國公學與吳淞鎭來，我在那裏曾經住過一些時候。我們望着那些人，店伙、學生、車夫，覺得他們也正在那裏望着我們。事實上他們也眞在談論着我們。幾個大胆的，還跑近來要看我們底捷克式輕機關槍，問東問西，我們底弟兄也問他們，譬如上海最近的情形之類。我從來沒有看見過，從十六年國民革命直北伐克復杭州以後，人民與軍隊有這樣親切，我眞感動與喜歡。有人提了一桶熱開水來，弟兄們一下就一人一碗舀完了，他們馬上又弄更多的來。弟兄們也有說這樣的話的：「我們得對得住上海底老百姓。」小販們賣東西也隨便，不像做買賣，而是半送半賣的請客的樣子。可是弟兄們都太窮，連長有三個火食尺，一個草鞋費沒有發，能夠有錢買東西吃的是很少的，卽使有錢，他們也早已吃完了，士兵們是有錢就吃，一吃就光的，因此沒錢的弟兄祇有向小販們看看或者微笑。那時候我想，要士兵與人民融合在一起是容易的事，第一他們祇要發動抗日的戰爭或者參加到抗日的戰爭中去，第二祇要使他們有與人民接觸的機會就是了，並不是什麼艱難的事，過去我是陷在錯誤的大霧裏了。我又看見第五連底一個兵，吃了兩根油條，從身邊摸着摸着摸出來的却祇是那麼一分多錢，他要去找別的兵借，賣油條的老頭子却笑着躲了開去，不要他底餘價，口中嚷着「你別別——你班長眞是！……」

那時候是十點鐘左右，太陽有點燒人。我們底命令才來，我們向閘北進軍。這又是一個艱難的路程：舊的疲勞並沒有全除去，沒有吃什麼東西，天氣熱，水又沒有喝夠，道路上裹着塵土的日光直曬着人。終於，害病的人與脚上起了水泡的走路顯得爲難起來。陳中元、高得勝都落伍了，別的排上也有落伍的。我不管連長底禁令，給他們雇人力車，可是好久找不到一輛車。我要强壯的人帶走了他們底東西，我和他們慢慢地跟在後面。他們都是一頭的汗，歎着氣，責罵着自己和病。

「嘐，到霉！到這個抗日的時候來害病！——」

「人家不要說我怕死，嗯，嗯，自己也覺得對不住人。嗯……」

陳中元是從軍醫院裏回來的。高得勝在這個時候害病眞太糟，軍隊裏有好多不合理的事，階級小的更不許說理由，有病就是活該，我雖然給他向連長說了幾次，要他住院去，連長却拒絕了，理由是抗日底戰鬥力要緊，他把害病到要人服侍的人都算做戰鬥力了，其實那也有一部份眞情，因爲連上名額是如此不足，爲了戰鬥力與好看，他是不能夠讓一個人下去的；這樣，他祇有跟在隊伍後面，像一隻牛跟着一羣馬。我很痛苦與憤怒。但是我底顏色與聲音都變了，我像一隻獸，無處發洩，因爲他們累我，我就十分懷恨他們。我假使有權，我眞會把他們放走的，卽使他們也要抗日，卽使他們不肯離開隊伍。他們常常停止下來，換一口氣，或者喝一點水。他們一停住，我就不得不停住。看他們那種狼狽樣子，像洩了氣的車輪，心眞焦灼。望望隊伍，已經去得更遠，尾巴上祇是一片朦矓的塵土，祇看見一些影子，和幾個半落伍的人，我認出來一個是熊建華，一個是第一排的。不看見閼士邦，大概他又給應得標趕豬一樣趕走了。

有一輛人力車過來，却是有人的。

又是一輛；不願意拉，胆小，我又發怒，但是我又放他走了。

又是一輛。

結果有一輛願意拉，十分願意，差不多到自動的程度，於是，高得勝坐車走了。後來，陳中元也得到了一輛，他沒有錢，我給他付了。

這樣，我就竭力趕上隊伍去。我始終沒有洗脚，也沒有換過鞋、襪，甚至皮鞋裏的沙子、小石子都沒有脫下來倒去過，一開始走路就十分受罪，到現在新沙子、新小石子又鑽到脚底來了。天熱，我解開了風紀扣。汗打濕了一身，褲管給汗黏住了，很牽制兩腿底運動。我又如此口渴啊，那裏有水？

我趕上了隊伍。看見了陳中元與高得勝底人力車，上面高高地堆着東西，這個、那個底背包、幾枝槍、面盆、預備槍管，堆得車夫走不動路，一面彎着腰走一面不斷揩汗。

漸漸地走到了有人家的地方。人停止做事，都到門口來看我們，我發現了一件奇事，差不多每家人家門口都擺着茶水：有碗，有壺，有桶，有缸。弟兄們一面走，一面停下來擦汗吃水。有一個額上發亮的汗眞有黃豆大，那麼拿起一碗水來，仰着下巴很快地灌了下去，接着是第二碗第三碗……弟兄們都這樣，喝了就走，不給錢，也不道謝。自然他們多數連一個銅子也沒有，可是我又發怒了，並且大怒了，我走到一個剛把濕淋淋的碗摔在桌上的兵面前，責問他：

「爲什麼不給錢？」

那個兵立正了。

「這樣，就走了嗎？」

「我，我沒錢。」

幾個兵看了樣子，給了錢，要走，可是人却攔住了他們，把錢從桌上撿起來塞到他們手中去，他們不肯收回，人也一定不要，結果「嘩啦」一錢擲在地上。幾個兵走掉了，可是人還追了幾步，口中叫着：

「這不要，這不要……」

「沒錢喝什麼水！」我喝着。我輕輕地在那個兵肩上打了一拳。我從來不愛打兵的，曾經發生過連長要我打兵而我終於沒有打，給連長叱斥的事，我僅僅打過兩次兵，但是我看了這樣的情形，我却第三次用了我底拳頭。

一個人走過來，攔開了我，說道：

「你排長，排長，你不要生氣。你們吃一碗水算什麼。這是應該的。不要打弟兄，是我們送給你們吃的。」

「唉！你們底紀律眞嚴。」另一個人插上來。

「你們要打東洋人了，我們沒什麼可以表示，一點水……」

「不要生氣。」

那個兵還立正在那裏。聽了人底話，心更不好過，我異常感動，像觸電的瞬間一樣。我把下巴一歪，那個兵才走。

一個人遞了一大碗涼茶給我，又給我絞了一把熱手巾來。我謝着，揩了汗，也喝了水。但是當我從身邊拿出幾分錢來的時候　他們却機警地按住了我底手。

「你官長！你眞正！……」

「那個弟兄底錢和我自己底，我都得付，我們不能白吃你們一杯水，白拿你們一根草。」

「你眞正！你排長！嘀唷！……」

「那個弟兄我們送他吃。」

「那末，我也得付自己底錢。」

一個中年婦人去拿了一把大芭蕉扇出來，就立在我旁邊給我扇了起來。我連忙止住她。她底牟大的脚退了幾步避開以後，又立在較遠的地方用大力氣向我這面搧她底扇子。

「不要！不要！一定不要！」

可是我留下了錢，跑了。

以後我又給幾個弟兄付了茶水錢。

以後我又給一個弟兄付了燒餅錢，他含着一個燒餅走了，可是並沒有付錢，賣燒餅的也不肯收我底錢，他底樣子一點沒有被搶刼或者受損失的惱恶或者不愉快的地方，反是那樣天眞地張着嘴巴笑，用愛情的眼送着那個兵底背影

在下午兩點多鐘的時候，我們到達了宋公園路、止園路那裏，休息下來，人全疲勞不堪，飢餓。連長到營長那裏去了。有人送了開水與燒餅來，一下全完了。人把隊伍密密地圍住，和弟兄們談着。據說，搬走的人已經太多，差不多祇

留了個餘數來，可是店都開着，我們經過的地方，都還有市面，就是在附近，一家老虎灶還冒着一團一團的水蒸汽，熱開水就是從那裏來的。此外，還有鉄店、剃頭店、烟紙店……

第一排附屬在第二連到民生路去，第二排到天通庵路與青雲路去，我這一排位置在中山路與宋公園路交點底附近一個小廟裏，作爲預備隊。後來才知道，在中央的中山路上的是第三連。

一休息下來，人不是睡覺，就是想弄吃的。肚子也眞餓，沒有什麼東西塡進去，所吃的東西又太少，還有完全沒有吃過東西的人。我也沒有吃什麼。到想到買吃的東西的時候，才發現附近的人眞全搬走了，買不出可以吃的東西，上午還在的一家燒餅店也走了，雖然附近看來還像有許多人。怎麼辦！我身邊還有一塊錢，我找到了一個人，請他給我們去買一點米來燒粥吃，可是沒有等到粥燒成我就走掉了。

我跑到前面去。

在青雲路那裏，有幾道簡單工事：一堆木材，木材後面三十公尺的地方有刺鐵絲疏疏地牽在兩邊的電桿上，再後面是兩個拒馬。有兩個黃衣的保安隊底兵和幾個黑衣、白褲的警察警戒着，不許人通過，但是仍舊有人挑着扛着箱子、行李、鍋子之類來往走。還有一個巡官。

我想到前面去，到西寶興路上去，可是巡官却阻止了我，說日本兵正在那裏挑釁，常常到河這邊來，假使遇到了他們，那就有問題了，有人給日本兵捉了去，捉去以後就不再有消息，有日本兵來繳去過保安隊底槍，因爲有命令不許抵抗，槍奪去也就完了，人給侮辱了也就算了。可是這裏却有一個小故事，一天一個日本軍官騎了馬跑過來，看見了我們底保安隊，下馬來，來奪他底槍。這個保安隊底兵既要服從命令，又止不住憤怒，因此他祇得扭開了他底手榴彈底護線蓋，預備拉拉火線。那個日本軍官看了，馬上放下了槍，嚇黃了臉，跳上馬，逃了回去。以後就沒人敢來奪槍。

從這裏，我知道了敵人全是海軍陸戰隊，有一小部的在鄉軍人、商人，總數在八千左右。

我很失望，我不能夠到前面去，我懶懶地走了回來。

人已經吃過粥，差不多吃完了。胡春樵給我留了一碗，有紅腐乳，我拿起筷子來吃了幾口，就放下了。人有在那裏洗腳的，換衣服的，還有一個洗衣服的。屋子裏全是睡覺的人，背包全打開了，我也不管。

我也洗了脚，換了皮鞋。

忽然我想，我爲什麽不找一些便衣來穿呢。

我去報告了連長，說，我要到前面去，隊伍歸段其祥指揮，連長答應了。

我換起衣服來，一件黑短衣，一條帶一點紫色的灰色褲子，穿起來衣袖太長，褲子太緊。弟兄們都望着我笑，指指點點。我自己也覺得好笑。不知道是與奮呢，還是覺得好玩，我當時的情緒是很難寫的。我並不把鈕扣扣得整齊，喉頭的兩個我讓牠那樣散着；我把衣袖捲起一點來，但是也不弄整齊，那樣隨便地；因爲我竭力摩擬上海作風，使自已像個『白相人』。

「哈哈哈哈！你看排長底樣子。」

「倒怪好看呢！」

可是我弄不到一雙適合的鞋子，因爲這一雙脚有一點小，因此還是仍舊穿着皮鞋吧。這皮鞋是軍隊中用的，有兩個特徵：帶鬆緊的，鞋跟上有一個插馬刺用的彈簧小孔。弟兄們跑來跑去給我找鞋子，要我換一雙，尤其是胡春樵，他堅持着我非換過鞋子不能夠去。我看看自己，這褲管是如此長，脚背全給蓋住，那還有什麼問題呢？皮鞋又如此汚穢了，鞋跟上甚至鞋面上都結着泥與厚厚的灰塵。我不相信日本人如此精細。

我走了。

但是我又回來一次。因爲，由我一開始，以後弟兄們將更大胆地到前面去，那就容易鬧事。最使我憂慮的，倒不是由此可以引起衝突，我倒是喜歡由我底弟兄首先開槍的；祇是我怕這將暴露我們底企圖與位置，而給他們捉了人去也十分不值。他們又和我不同，沒有細心，不會說上海話，更不會換上便衣的。我走回來，他們正在那裏和鄰近的人閑談。有的悠閑地吸着烟，好像戰爭是不值得大驚小怪的。多數人底聲音是愉快而活潑的。

他們看見我這樣快就走了回來都驚異了，有幾個立起身來，有幾個迎了上來熱烈地問前面的情形怎樣。

「你們也想去嗎？」我問他們。

「排長！我跟你一陣走。」

「排長！我，我也——」

「哼，」我笑了起來。「我知道我走以後你們會有人跟了走的。你們不會說上海話呀。你看，我爲什麽換了這樣的衣服？弄得這個樣子？」

他們又笑起來，新奇地望着我。有的有點失望，或者那樣不以爲然的神氣。人民也望着我笑，圍住了我。

我把他們不能夠去的理由説明了，接着下了命令：弟兄們一律不許到前面去。

我又到廟裏去，去拿了鋼筆與筆記本。出來的時候，我看見有二十多個人搬東西走過。我立下了，聽弟兄們和人民在那裏説話。

「你們不走？嚇！你們還捨不得這個家嗎？」

一個一臉灰黑把一張麻袋做圍裾掴在腰上的青年人，那樣把一雙全黑的手舉起來，做着各種手式，反覆地説着話，牙齒在黑臉裏特別白得可愛。

「不是，不是——不過不打起來的時候我們是不走的，不走的。」

「打起來你們就走不了啦。」一個兵勸説他們。

「打死也不要緊，」那個鉄匠堅决地說道：「你們不怕死，我們怕死嗎？——不走的！」

「我們是兵！——」上等兵翟克有向他解釋。

「我們是中國底老百姓！——」那個鉄匠始終堅持。

「怎麽辦哪！怎麽好哪：……」一個老太婆攤着一雙手，發急得很，彷彿要求了我們戰爭就不會起來了的的樣子。「我祇有這個屋子呀！我祇有……我搬，我我搬不了呀！……」

「老太太！」說話的是陳中元，旁邊立着的是上等兵楊錫雲。「不要緊。你搬了好，這屋子我們給你看住，有我們一天，就有你底屋子一天。我們在這裏東洋人是不敢來的。仗打完了我們把牠再還你，好好的，一塊瓦，一塊泥巴也不缺。」

另外，一個中年人吼叫着，他赤着的大脚走着小步子，走來又走去，演說的樣子。

「那一個走得了？有那一個？我們也不願意走。我們怎麽走？東西全在這裏！全在這個地方！我們走到那裏去？走了也做不了人，還是，還是死好！還是拚好！我是不走的！東洋人來中國人就走，這是什麽道理？中國人統統走，你走，我走，他走，東洋人就再好沒有，他走過來了！——」

「你們還是走，有我們在這裏。」

「你們一定打麽？」一個十二三歲的女孩子問。

「不打！不打我們來『白相！』」說話的兵憎惡地看了那女孩子一眼。

女孩子笑了起來，捧着嘴躱到大人底背後去。

「你們還是走！」姚榮安口中吐出短短的烟管底銅嘴子來，揮着一隻手。

「你們底房屋什麽的，一打起來就全完了，一定完的。你們在這裏幹什麽呢！」

「我們沒有錢走呀。」一個女人小聲地不好意思地說了這一句話，也就躱到別人背後去了。

「有錢我也不到租界去。給外國人笑。」

「逃到法蘭西、大英地界也一樣靠不住，逃不過的。」

「逃的是亡國奴。」

「對了！我們一打起來，租界也沒用，一定。」

人民與士兵都使我喜歡，他們在抗戰之前多數都有進步，一直趕上時代前面去的飛躍的進步，慢慢的恐怕落後的人也要給抗戰底槍聲驚醒的。我不再多聽下去，陶醉在旁觀的地位，我要第一個到前面去看看，看敵人到底怎樣。雖然我還不敢相信這樣就眞會打起來，這不過是一個美麗的夢，可是我不管夢不夢，我要抓住現實，我要做一步近一步，假戲也得眞做。我這樣又到前面去了，懷着最大的熱情。

一個警察攔住了我，那個時候我已經走過幾道障礙物了。他們有命令，祇許人過來，不許人過去。

「我是八十八師底一個排長，我要到前面去看看敵人。」因爲被阻，我的聲調是煩惱的。

那個警察十分吃驚的樣子，吃驚到要擦一擦乾淨眼再看個明白的樣子。我底壓低聲音的幾句話簡直是突然駛來的紅色救火車底銅鐘。他上下打量着，遲疑地問道：

「你是……」

「我是八十八師底一個排長。」我重說一遍。

他畏縮地眨着眼。

「你排長！有什麼證……」

我把夾在筆記本裏的符號拿出來給他看。他相信了，說話也流利了，樣子特別恭敬，近於諂媚了，他把我聽見過的情形告訴了我一遍，末後說，最好我能夠去找他們底警官，那可以有許多方便。我依從了他，跟着他到一個公安局去，那是在西寶興路上的。當我們走到西寶興路口的時候，那裏有兩個保安隊底兵，警察跑過去和右面的一個耳語幾句，那個兵望着我，點了一下頭。我看見他身上掛着兩個木柄手榴彈，手中的槍是粗大的套筒毛瑟，但是擦拭得很乾淨，槍機在日光中特別光輝刺眼。他們還沒有交代，我們還沒有接防。西寶興路上全是人，全是搬東西的，但是全關了門的商店却沒有超過三分之一，一家鐘表店裏還開着唱機。

我跟着那個警察走進了公安局，屋子裏的人全騷動起來，彼此低聲詢問。那個警察請我坐一坐，一隻手一掀白色的門帘鑽進另一間屋子去。另一個警察給我倒了一杯茶來，幾個警察並立着看我，低聲說着話。有電話鈴聲，說話的是一個廣東人。

門帘一動，走出一個人來，也是黑衣、白褲，衣袖上有幾條白色條子，褲管淺得很挺，不打綁腿。頭上是黑而有光的長髮，有點淩亂，大概有過什麼爲難的事；眼是紅的，大概有幾夜沒有好好睡過了。後面跟着帶我來的警察。

從這個警官口裏，我知道得更多。敵人常常到橫浜河這邊來搜索，示威。剛才的電話，就是報告有四個日本兵到青雲橋上來瞭望的事的。他告訴我敵人底兵力、位置：那裏是司令部，那裏是日本坟山，距離這裏有多少路，什麼方向。他又告訴我橫浜河在那裏；河上有幾座橋，那一座橋大，那一座橋小，那橋是什麼材料建築的，强度怎樣，載重力多大；他們與保安隊底警戒情形、經驗。他和我又定好了連絡辦法。他告訴我他們底任務。這個時候電話鈴忽然響起來，這樣，他一下接到了三個電話，又打了兩個電話出去。到一放下聽筒，他又匆忙地和我說話，告訴我那一個地方，那一條道路是重要的……

我告訴他，我要到橫浜河對岸去，到敵人底司令部附近去看看。他稍稍沉吟了一下，點一下頭，說他陪我去。

我扮了一個警察。

橫浜河對岸底情形就大不相同，十家九家底門全嚴關着，人也看不到。橫浜河河幅並不大，不過十公尺左右。渾濁的河水綏慢地流着，水深雖然看不出，却可以判斷這是潮汐河，有相當障礙的深度，泥沙也很能夠發生障礙作用的。

我們立在倫敦橋上，這是狹窄的木橋，最大限度祇能夠通過二列縱隊的步兵，強度不到六噸，是沒法通過戰車的。這樣的橋在這條河上很不少，右面的坟山橋也是一樣的。坟山橋那裏有一道短短的紅牆，裏面樹木綠得可愛，密密地，把一片土地籠罩着，他告訴我，這裏面有工事，情勢一緊張，就有日本兵來駐守，據他底判斷，那大概是一排人的排哨。可是我們一點看不出徵候來，靜靜地，最多有一羣鳥的樣子。戰事開始以後，我們才知道，那是日軍底一個砲兵陣地，向柳營路、八字橋、西八字橋等地方射擊的砲就在這裏。我們又向右面看，他指點着，再過去是靑雲橋與天通庵橋；那是强度六噸的大橋，我們得特別注意的。我們踱過橋去，所有的街道都已經死去。我們走到了一個空隙的地方，看見了敵人底司令部，驕傲的太陽旗高高地飄在天上。那司令部簡直是陸上的無畏艦，龐大的侵略大本營。

我沉吟起來。

「——建築得太堅固，你看！這全是水泥的……上面還有很厚很厚的鋼板，鋼板上面還有很厚很厚的橡皮，瞭望臺上還有六門高射砲。飛機要炸這個東西，是很困難的。」

眞的，八月十四日、十五日我是看着我們底空軍怎樣英勇地向這個怪物進攻的：在由雲團一樣的高射炮烟晝成的圓周裏，在如鑼、鼓聲一樣喧嘩的高射機關槍底吼叫裏，我在中山路上一家玻璃公司底樓上用望遠鏡細看，我們底空軍並沒有把這個怪物毀滅，相反，牠還是那麽平靜地睡着，彷彿皮、毛也沒有一點損傷；而我們空軍底隊形，却終於分散了，我還看見一架飛機突然發火，拖着黑烟的尾巴向敵人底陣地沉下。

他底話使我注意了周圍的情形，全是靜寂的街道與關閉的門窗。敵人並沒有構築什麽工事。我假使高興散步，我可以一直走到那司令部底門口去的，路上不會有一個小指大的阻擋。

我又想起師長底話來。一次，我們這一師在無錫底教育學院裏舉行了總理紀念週以後，師長又把我們集合在一個籃球場上，對我們訓話：「我們要不依賴飛機、大砲，用我們步兵自己底兵器，就是輕機關槍、步槍，用我們血、肉的身體，把敵人底司令部佔領起來！」

師長底話，使軍官們都呆住了。一回到東亭，連長默默地在一張竹椅上坐着，有點憂愁的樣子，我是看得出來的。第一排排長孫廣山一解開皮帶用祇有自已聽得到的聲音一連駡了七八句「媽得屄」！我呢，我很憤怒。我恨着那些好大喜功的高級軍官，爲了他底一個莫名其妙的小衝動與小動作，將斷送多少戰鬥力呢。有些人是以人死得多爲成功爲盡責爲有能力的。我一進門就大駡：「我是死定了，不客氣！可是高級指揮官也得有胆量到第一線來走走，打打！」我寫信給幾個朋友，告訴他們，我們將有什麼任務，戰術若何，結尾說：「我自然不惜一死。可是我却死得有點寃枉，假使我是死了。看起來我是死定了的，任務如此，而我又夾在上、下之間：在上者是『旣不能令』，在下者是『又不受命』：……………」第二排排長顏景愛紅着扭發的臉，用俏皮話勸解我。

可是看了這樣的情形，敵人一點工事也沒有，以爲這司令部夠堅固了，一點不把中國兵放在眼裏，若無其事，在這樣的條件下，我們假使給他一個奇襲或者强襲，那司令部是可以唾手而得的。

並且，看樣子，他們底兵力恐怕也沒有十分展開呢。

這使我好笑，敵人三個、五個常常來挑釁，與這樣沒有戒備，眞有些小孩子、樣子，好玩。

我沉吟着。

我們又渡過去，沿河而走，到了青雲橋，又到了天通庵橋附近。「我們得回去了。日本人對於警察雖然沒有什麽，給他們看見了也不很好。並且，我還有些事要做呢。」

我同意了他底話，我們走了回來。我底步子這樣快，他有點費力地趕着我。我忽然想起：我應該走得更快些，去報告連長，要他轉報告上去，我們最好能夠馬上開始攻擊。

我見了連長，報告了他敵情與地形，並且用鉛筆畫了一張要圖。連長很高興，不等我說完我底話就打電話報告營長，帶着得意的調子，第一連做了一件漂亮的事。

在電話裏，營長要我馬上到營部去。

我說完了話才走，說，最好我們馬上能夠開始攻擊。連長得意地但是含胡地「嗯，嗯，」地答應着，點着頭，一味要我直接去報告營長。

見了營長，我說了我底意見。營長，溫和地微笑着。這樣的大事，他底權力決定不了；並且司令部裏是早已有了決定的。我失望了。但是我還希望師長能夠照他說過的話來做。我憂慮着，時間是不等人的。我沒有辦法，向營長提出第二個計劃來．我們現在就去佔領橫浜河一綫，馬上構築工事，控制橫浜河。並且把天通庵橋與青雲橋先破壞了。那樣，就祇有我們攻擊的時候，敵人沒有攻擊我們的餘地。

營長又用溫和的微笑拒絕了。

我走了回來，一脚跨進門就一聲長歎；倒在胡春樵給我舖好的臥具上。弟兄們吃了一驚，不敢問我，走路輕得像貓。遠遠地有人私議着我。

我們底人已經接了防了。

天黑下來。

忽然我想起，從青雲橋回來的時候，我看見有幾個兵在橋上，看見我們就跑掉了。我問道：

「今天誰到青雲橋去過？」

「沒有，沒有，排長！我們沒有。」段其祥回答。

「那一個去。」中士副班長蔣光錫說。

「我看見有幾個人的。」

「那不是我們，大概是別連底。」

「別連底？怎麽到我們底正面上來？」

「那不知道。」

「排長！大概你看錯了。嚇嚇嚇哈！」應得標敲去了吸殘的紅煙灰，扁闊地乾笑着。

我實在看見過有人在靑雲橋上的。

有人在角落裏發出酣暢的鼾聲。

是濃黑的夜，星也看不到一點。人全睡得好好地，有在夢裏含胡地說話的。

忽然連長有命令來，把幾個人驚醒了。那命令上說：把第七班調到嚴家閣路上去，向敵人警戒，接着又補充了一條，把第九班也控置在嚴家閣路上。我擦了擦眼，還想睡。但是我下了命令：七、九兩班集合。

黑夜中的電燈特別明亮，如中秋底皓月，把柏油馬路也照得發白。人分在道路兩邊，謹愼地提着槍，選擇了黑影裏走。前面兩個預備做哨兵去，槍上上了刺刀，走過電燈下面，有的時候有一陣刺刀底銳光。段其祥率領兩個哨兵到前面去，我把第九班底人安置在一家紙店裏。第七班底人全在道路邊，坐着，或者抱着槍立着。人並不想睡覺，期待着槍聲與敵人，緊張，但是平靜，愉快，但是焦灼。段其祥不久走了回來。

我走到步哨線上去。

閘北是平靜的，道路橫在刺眼的電燈光裏，沒有一個人，沒有一輛車，祗有一隻狗悠閒地走了過去，遠處偶然有一聲、兩聲的狗吠。

步哨躲在電桿底影子裏，兩眼向綴着電燈的幽黑的無盡的前面看，偶然不耐煩地跺一下脚，地上就發出一聲悶響。

「注意一點。」

「是！」

我走到嚴家閣路口西寶興路上去，一樣是燈光耀眼與無人的街道。

我走回來。

第七班底弟兄今天沒有時間睡覺了。我走到第九班去，一看，懸得標在昏黑裏吸煙，由他底多痰的半啞的一聲低咳，我知道了那坐着的黑影是他。一個人舖一張白紙睡在簷前，我望進去，看不出是誰來。

「誰！」一聲短而有力的詢問，從門邊閃出一個哨兵來，迎着我，挺着他底刺刀。

「排長。」

聽見是我，應得標立起來，走到我面前來，口中仍舊含着煙管，一明一暗地吸着。

「排長！」低而仍舊多痰的聲音。「怎麽樣？」

接着又從昏黑裏鑽出幾個人來，包圍了我，睡在地上的人也縲綷響着爬起來，緩慢地走過來。他們向我提出了一些問題，迫切而瑣碎。

「沒有什麽，一點什麽也沒有。睡你們底去吧。」

有的又走回去坐下了，有的又躺下來，縲綷了一會。應得標把煙管交給熊建華，熊建華立在門檻上把煙灰在牆上敲去了，裝上新煙，擦燃一枝火柴，把臉照得黃亮了，那樣吸起來。

「爲什麼我們還不打呢？」

突然，彭輝提出了這不是一句話所能夠答覆的問題。他底聲音是還沒有淸醒的。

「不知道。」我心中空虛。

「排長！這個時候不打什麼時候打啊？」

「我也不知道。」我眞無味。我不高興說話。「哼！或者，還是他們來打我們吧。」

「自然，你不打人，人不打你嗎？」

我在一塊大石頭上坐下來休息，閉了眼。

忽然，一種龐大的聲音連續起來，像巨大的空汽油桶子在馬路上滾着滾着，一個還沒有過去，一個就跟着過來，滾着滾着滾着……

夜驚醒了。士兵們都走到道路中央來，向前看。各處的狗大聲叫起來，雜亂，驚嚇。夜驚醒了。

三分鐘、五分鐘、十分鐘，汽油桶子滾着滾着滾着……

人人都從夢裏醒來，從黑影中鑽出來集結到一處，驚疑不定，彼此探問。有人開了窗子在樓上說話，有一個人開了門拖着拖鞋「拍搭拍搭」地走到路上來，後面的人擠在大門口。

「什麼事！」

「我正想問你這個小舅子呢。」

「排長！這是……」

我也聽不懂。

這聲音是從敵人方面來的。這一定是敵人在那裏弄什麼東西。自然這對於不懂的我們正是有絕大的關係的。

哨兵跑回來報告，喘着氣。「排長！排長！排長！敵人那裏不，那裏不不知道……什麼怪響的——你聽！——我們聽了很久……」

「知道了，原地監視去吧。」

回過頭來，我派了彭輝與一等兵陳龍飛，要他們到前面去偵察一下，看到底是什麼事。彭輝是一個最年青的兵，是廣東人，有亞熱帶人特有的熱情，機警。陳龍飛和一般四川人一樣，會說話，他更特別愛「吹」，但是他結實、勇敢，並且也有一手可愛的鬼聰明。他們向我扶槍敬禮，上了刺刀，裝好子彈，和出籠的雞一樣快樂地拍拍翼子半飛半跳，一下就不見了。我踱着，跟在他們後面。到了西寶輿路上，那聲音特別響亮，像就在前面；並且裏面可以聽出來夾着一些低低的「釘釘鐺鐺」的聲音，我聽了好久，那一定是工作器具尤其是十字鎬底聲音，後來，我又聽到了一種鋸木頭的聲音。顯然的，那是敵人在那裏做工事。偵探回來，報告說橫浜河那邊敵人開始做工事了。一點也沒有錯，我們回來。當我們走到步哨線上的時候，哨兵一等兵何凱對我說，他也聽到了十字鎬與鋸子底聲音，問我是不是敵人在那裏做防禦工事。

汽油桶子滾着！十分鐘、二十分鐘、三十分鐘……

我一點精神也沒有，一坐下來就低了頭。弟兄們問我我也不答應，問得急了我就發怒。

「你問我幹什麼！」

我們沒有機會再攻擊敵人了，橫浜河已經被敵人控制了。活的情況與死的戰術，現實的形勢與空想的軍事計劃，我們怎麼不失敗呢？以後橫浜河底爭奪，我們要流多少血呢？橫浜河底泥水將換置熱血了。但是，假使我們能夠在兩小時以前開始攻擊，是一定可以佔領敵人底司令部的。假使那樣，敵人失去了首腦部，失去了陸上最有價值的根據地，甚至是全部根據地，那黃浦江裏的海軍，因為要脫離陸上的威脅就得逃到吳淞口外去，那日本在上海就完了。可是現在他們却沿橫浜河佈防起來。而我們老是等。雖然我們底兵力在三師以上，敵人不過是總數一萬名的陸戰隊與在鄉軍人。我們底將官們已經給我們決定了命運。

「決定！他媽啦屄！」

我本來默默地坐着的，弟兄們也都睡的睡，想心事的想心事，我突然罵了這樣一句，有幾個人睜大了眼來看我。我立了起來，拍拍屁股上的灰塵，走進屋子去，嘴巴裏牢騷地咕嚕着。

「關我小排長屁事，老子也睡一睡去。」

醒着的弟兄，不懂地望着我。雖然看不見，從他們影子底姿態我看得出來。

八月十三日。

天一亮，我就下命令開始做工。

人正忙碌着：有的在一家工廠裏背出大木箱來，有的在什麼地方搜索了鐵鍬之類出來，有幾個人在挖土，有幾個人攔住了過路的人要求他們幫助我們做工，有幾個商人樣子的眞走來給我們裝麻包…… 忽然連長來了命令：第三排仍舊回到宋公園路去做連底預備隊，把陣地交給第二排。第二排排長顏景愛已經帶着他底一排人來了，黑着臉，脚給釘子刺傷了，拐着。

回到了小廟裏，沒有事，我走了出去。工兵們在中山路邊的草地上做工事，脱下了草綠色軍衣，全穿着白襯衣，袖管高捲着，露着精壯的兩臂：大圓鍬一下去，拋出一大塊黃黑的土來。附近的小土堆，都做成了掩蔽部。道路右邊空地上，蹲着兩門戰車防禦砲，僞裝着，遠看過來祗是一些樹枝。立在這裏，向右前方看，敵人司令部上的瞭望臺高踞在一幕屋頂上，太陽旗底飄動也看得淸淸楚楚。那末，我們在這裏做工事，敵人是能夠看個淸淸楚楚的。有人抬着有刺鐵絲到前面去，大胆地走在道路中央。

還有很多人民留着。他們新鮮而又緊張地看過路的兵，看我們做工事，大胆地走近戰車防禦砲去，給哨兵一喝又慌忙地退了回來。人仍舊在那裏搬東西，連板桌也裝在小車上推了走。有一担東西，一頭是鍋灶、碗、碗廚、舊脚盆，一頭是一張棕棚、一個半新的馬桶、幾把松柴……後面跟着一個蓬頭女人，左腋下夾着一大包衣服，右手提着一籃雜物，裏面還有一些小菜。

說是戰時狀態呢，是。說不是戰時狀態呢，也是。

我又走回來睡覺。

「槍聲！」一個睡在神龕邊的人坐了起來，雙手抱住膝頭，看天的鵝一樣側了頭諦聽。

「槍聲！槍聲！——」

人一下全爬了起來，有幾個連忙着裝，子彈帶「嘩啦」地響，工作器具「釘鐺」着，有幾個丢下了屋子裏的東西，一下衝到門外去。滿屋子的混亂，混亂的人影，混亂的脚步聲。

我戴了鋼盔，扣好了子彈帶，把『快慢機』從木盒中抽出來，裝了子彈。我也衝出門去。

各處的人像一陣大風裏的灰沙一樣奔跑着，一羣跑過來，又一羣跑過去，跑落了一隻鞋子，慌忙地拾起了，一面跳着走一面穿上脚去。有一個小女孩哭了起來。一個女人艱難地用一雙穿着半高跟鞋的脚跳躍着走路。又有一個女人歇斯特里地高叫着向嚴家閣路奔跑而去。

「拍！——」

「拍！拍！——」

「嗒，咚！——」

「嗒，咚！嗒，咚！嗒，咚！——」

「拍！——」

「嗒，咚！——」

槍聲從左前方來，密密地，像一陣編爆在祭神酒前。

「排長！排長！怎麽啦？……」

「眞打起來了啊！」我興奮得心跳得發出大聲，喜悅得像過年的樣子。

「排長！我們衝上去！」

「傻子！——我也想呢。可是我們得等連長底命令。」

人不是瘋狂地奔跑着，就是半傻地立着，向槍聲來處伸着頸子，睜大了眼；各處的人都從屋子裏出來，擠在道路上或者屋簷下。

「拍！——」我們底中正式槍聲。

「嗒，咚！——」敵人底三八式槍聲。

「咕咕咕咕咕咕咕……」這聲音從更遠的地方傳來，我們底重機關槍終於也向日本法西斯蒂射擊了。

「噶噶！噶噶！——」敵人底機關槍吼叫着，聲音特別尖銳，聽起來十分切近，像就在頭上一樣，「的！的的的！……」後來我們知道了，這是慘無人道的『炸子』！就是國際上所咒詛的達姆達姆彈！自然，第一次聽見這聲音是不免有些惶惑的，但是就是再毒辣的兵器，也動搖不了我們抗戰的意志。

「打了打了！」

「好了，我們有幹的了。」

「幹！幹他奶奶底雄！」

「排長！怎麼？連長底命令還……」

「總有我們打的。」

「我沒有第一個開槍，唉！」

「我也想由我這一排第一個開槍呢。」

「排長！何忠祥找你。」

「鐺！噝嗚～～～轟啦！」

敵人底砲也開始了射擊，一個砲彈嘶叫着從我們底頭上飛過，落到後面什麼地方去了，大聲爆炸了。

「鏜！噠，鏜！～～～噓嗚～～～」

又飛過了幾個砲彈。可是我們並沒有聽到爆炸聲，不知道由於來了連部底傳令兵分散了我們底注意力，還是由於別的原因。

「報告排長！」何忠祥一面說話一面舉起祇有三個手指的右手來觸在遮陽角上向我行禮，「連長命令，第三排趕快準備好。」

「是！」

和我同時，一個兵叫道：「還等這個時候來準備嗎！我們第三排命令沒來就準備好了。」

何忠祥匆匆地跑步回去。

「怎樣，不是也有我們底麼？」

「是我，我一下就把日本人衝『跨』！」

「吹什麼，嚇！我才——」

「怎麼！咱們等一會看！」

上等兵俞仁義和陳龍飛各自逞能。

「鏜！噝～～「嗚嗚嗚～～轟唧！」

右後方大約二百公尺的一座紅色樓屋中了一炮，空中冒起一陣紅烟。

我看看我底兵，一個個都緊緊地握住了他底槍，有一臉的光輝；含着笑、有的咬嚼嘴唇沉默地望着遠方。我又看見了害病的高得勝，他底臉色黃得像一種泥土，可是他底腰也那樣挺着，手裏也那樣緊握着槍，口中還悠閒地叨着一枝紙烟，這是鎗聲起來以前我沒有看見過的，我本來看了他們就發愁，抱歉，有的時候還憎恨，現在看了，却喜悅。我再看看陳中元，梅小龍，關士邦，他們也喜悅與興奮，一下全沒有了什麼病容，最奇怪的是關士邦，他平時那樣害怕，在火車上還十分憂愁，到了這個時候也不過如此，不過臉色有點發青就是。

在槍聲沒有起來以前，我還不敢相信這次眞會發動什麼抗戰的，過去的屈辱與他們底政治態度使我懷恨這些人，更談不到信賴。可是，現在，這已經由從我們這邊發射出去的子彈給我證明，中國眞正抗戰了！雖然第一發子彈並不是由我發射的，其實，祇要有人發射第一發子彈，祇要有人發動抗戰，這在我是同樣值得喜歡的，我都有最大的喜悅。

「拍！拍！——」

「嗒，咚！——」

雙方不斷地互相射擊着。

一個兵口中興奮地叫着「幹起來了啊！幹起來了啊！好啊！」跑進門去，把一個舞着兩手的兵撞了一下，把那快樂地喧笑着的唇角撞出血來。但是他們並沒有起衝突，和好地，祇和平地罵了一句：「你媽底高興得眼也肏瞎了。」

幾個兵拉着手在門邊跳躍着，像一羣天眞的遊戲着的孩子。

一個兵走着臺步用打嚴嵩的調子唱着：「忽聽得槍、砲響一聲，在閘北來了我這革命軍！——」

總之、如鬱悶的雲層裏逼出了暴風雨，閘北打了起來！

從攻擊到防禦

原則是早就決定了的，戰略上採取的是消耗戰；戰術上採取的是決戰防禦。

×

一千九百三十七年八月十三日的閘北，有一個高大晴朗的天氣。人底心也高大、晴朗，像所到的地方並不是肉和火的戰爭底門，而是自由解放的幸福的道路。不怎麽深的靑天上有不多地幾小塊白雲在金屬的日光裏悠閒地浮動，下面，映照着紛亂的人羣，軍隊和人民：軍隊已經展開，陸軍第八十八師底一個團、第五百二十三團，佔領了靑雲路至八字橋一線的正面，縱深從西寶興路附近伸展到柳營路底尾巴。牠底右翼是第五百二十四團和上海市保安隊，包含着商務印書館一•二八的遺骸和龍頭那樣高舉着的北站大廈，一直和租界接合。左翼是第二百六十四旅底一個團，陸軍獨立第二十旅和陸軍第八十七師，從方家木橋通過江灣直到吳淞。第五百二十七團或者第五百二十八團作爲師底預備隊控置着。這個時候，一條道路上有兩門戰車防禦砲用人力挽曳匍匐在行樹下面。中山路上特別忙亂，工兵營在道路兩側草地上構築掩蔽部、重機關槍掩體，密集地穿着白色襯衣，遠望過來像落滿一地的殘梅，每一個人都彎着腰，黃黑的泥土一鍬一鍬地拋到空中又落到地上，新土底顏色使草地底一碧綴滿暗黃斑點，其中一部份，還到什麼地方去埋設作爲地雷用的藥包，或者迫擊砲彈和手榴彈；來來去去的傳令兵在脚踏車上飄忽得像水邊搶食的小魚；有一連步兵住在一家玻璃公司裏，兩個藍衣的火伕正抬着一箱手榴彈走進門去；一門二公分一的歐力根小砲停止在路邊，用樹枝掩蓋着，一個軍官把自己底鋼盔做坐具坐着吸煙，一羣兵散坐在牆邊樹下，一個砲手在檢查砲彈：七、八個兵抬着七、八捲有刺鐵絲走過。和西寶興路直交的每一條道路路口附近，人用麻包裝滿了泥土新造或者加强巷戰用工事，軍隊和人民一同工作，幾個人挖土，幾個人裝土，幾個人把裝好土的麻包橫斷道路地一個一個疊成那麼一道；缺乏麻包的地方就用兵士們自己從各處找來的裝運貨件的木箱、鉄皮和木頭的空桶、竹製的籮筐之類來裝土；也有用桌子、門板、鐵牀 玻璃燒鍋等東西淩亂地堆着的；或者把路面挖一條溝，簡單地用除土鬆散地堆積在前面了事。人民不比軍隊少，搬家的搬家，幫助軍隊做工的幫助軍隊做工，沉着的仍舊各無其事地做自己底工作，或者立在門前、路邊閒看。

不遠的地方，敵人司令部上的海軍旗有一種挑釁的姿態，倨傲和無視，玩弄着天空裏的微風，賣弄地伸伸拳頭伸伸脚。但是現在敵人已經嚴整地戒備着了，昨天整整一夜地是混亂的工作聲和汽車的牛叫。我們到達閘北已經兩天，還沒有下攻擊命令，並且有利的橫浜河也不屑佔領；人祇有吃飯、睡覺、焦急得跑到道路上來胡亂張望一陣。又沒勁的怪樣子走了回去。

但是終於來了命令：第一營向青雲橋八字橋等處攻擊。

假使我們取得了八字橋，那敵人不但不能夠向江灣伸過脚去，我們更可以從這裏獲得一條深入敵人心臟的路，把敵人包圍得更緊，隔絕牠底外援，威脅牠、壓迫牠，甚至殲滅牠。

第一營底作戰部署：第二連附重機關槍一排，正面地主攻八字橋；第一連在右翼，向青雲橋、中山路、民生路當面之敵佯攻，牽制敵人，聲援第二連底攻擊；第三連爲營底預備隊，在第二連後依戰鬥進展跟進。第一營後面，有迫擊砲一排，還有別的步兵。

第一營營長蕭冲漢是三十多歲的一個矮小的廣東人，階級是超級中校，說話的時候常常嗅辨什麼氣味一樣鼻中接連地嚳吸着氣，還愛聳聳兩肩，眼看人的時候有一種介於威嚴和仁愛之間的强光。不久以前，他到上海、寶山、嘉定、崑山、常熟、蘇州各地來參謀旅行過，地形戰術都細密研究過，敵情和自己底企圖也完全明白。他沒有把敵人放在眼裏，受領了命令仍舊是一臉溫厚的微笑，用鬆懈的聲音說話。他知道，我們底大軍還沒有集結完畢，尤其是砲隊還沒有到，今天的攻擊並不是嚴重的決戰，要一營人奪取敵人底司令部，尤其是在敵人已經警覺了的狀態下面，這像用一杯水去熄一車柴的火是不可能的；這祇是一個證明態度的抗戰發端，驅逐敵人還得略等一等。並且，師長底主張是步步爲營逐漸推進的『穩紮穩打』，冒險的絕對進攻是不被許可的。一營人底作戰部署，這樣才決定下來。他心情輕鬆，又聳聳兩肩，望了一望碧天。忽然他想起他底春天的南國來，覺得這氣候好得太像和一•二八所經驗的全然不同，沉醉着，直到第二連連長柴正源和他說話的時候，他才瞌睡的人給蚊子尖刺一下地眨眨清醒的眼，鼻中發問一聲沉濁的「唔？——」

忽然，左翼起了一片激烈的槍聲，像夏夜原野底遼闊的蛙鳴；但是不久仍舊恢復平靜，平靜像無風的一池的水。

時間是上午九點多鐘的樣子，一營人開始在出微汗的日光裏喜悅而新鮮地向橫浜河挺進。一個兵拍拍走在他前面的兵底背脊，那個兵回頭來看，以爲有什麼話說，這個兵笑了一笑，伸伸鮮紅的舌，並不作聲，那個兵微笑一下，回過頭去。這個兵一連拍了那個兵底背脊四次，做鬼臉四次。末了一次那個兵討厭了，把手向後面一摔，駡道：「你討厭什麼！」這個兵撍着嘴好笑，微微弓了腰，幾乎破壞了行列那樣落在後面四五公尺。

第二連一連人由柳營路攻擊前進，利用着一路的樹林和房屋掩敝着接近敵人。二、三兩排爲火線，第一排爲預備隊。

八字橋是水泥的。過橋以後兩側是竹籬，樹木很多，再過去一點有一道堅固的圍牆，這是有軍事價值的。道路上一樣有麻包叠成的工事，有幾個哨兵。附近還有座狹小的黑色木橋。一班人偷偷地摸過橋去，沿着竹籬，散開。敵人並沒有發現。其他的人在橋底這邊，沿河伏着；有的還在後面，有一班人佔領了河這邊的一個發臭的牛皮廠，向敵人架好了輕機關槍。但是，當他們還想偷過橋去的時候；敵人底步槍開始射擊了，接着輕機關槍也像一個罵街的女人那樣尖叫起來：

「嗒，咚！嗒，咚！嗒，咚！……」

「噹！——銅，噹噹噹噹！——銅銅銅銅——」「嗶！——嗶嗶嗶嗶！……」

兩軍底前端這樣接近，三、五十公尺。

首先和敵人接觸的是第二排底第四班，接着第六班也從牛皮廠底一個窗口射擊敵人。幾個敵人給打倒在地上，裏面一個一隻手像給火燃燒着的頭髮那樣在空中畫了個扭曲的半圓，緩慢地抽搐了幾下。第五班有四個人給敵人打死在橋邊和橋上，一片有光澤的血和太陽爭鮮紅，把灰白色的橋面染過一部份。一個兵兩條腿給敵人底輕機關槍集中火力打了下來，他兩隻手緊握着橋欄那樣痛苦地扭動着身體，彷彿要把橋欄拆下來的樣子，但是他底力量不夠，他那樣悽厲地呻叫着，一陣日暮的秋風吹過樹林一樣聲音曼長，由低而高又由高而低，裏面還夾雜着半枯的葉子底顫觸和小鳥底啁啾，但是當另一個兵匍匐過去想幫助他的時候，他那蒼白的嘴唇裏却吐出霹靂一樣的吼聲來：「你管我幹什麼！——」接着聲調又忽然軟弱，沉悶的簫聲一樣顫抖。「打你底去！打你底去啊……」一個兵一抬頭，死了。一個兵突然一個躍進，想衝過橋去；迅速得像一隻燕子，弓着背脊像一隻人猿，但是他才到橋中，腿給什麼笨重的石頭一樣的力量猛撞一下，那麼彈簧一樣軟了一軟，第二粒子彈使他倒下了。

一個，接着又是一個，手榴彈在空中翻滾着落到圍牆裏去，「鏜鎯！——鏜鎯！——」在白烟裏，敵人底一挺輕機關槍沉默了。又是手榴彈。

重機關槍開始在橋邊準備射擊，但是位置低了，橋擋住了瞄準線，根本不能夠射擊，更說不到超越射擊。中尉排長俞標吼叫着，叱罵着槍長，一臉火紅。一挺重機關槍這樣就到橋上來，冒着「噗，噗，吱~~~嗶啞！嗶啞！」地叫着的子彈，射擊起來，子彈打在麻包上，打在紛亂的敵人裏，打出一片瀰漫的烟灰來，多數敵人逃進圍牆去，七八個給打倒了。敵人底輕重機關槍全數開始猛烈射擊，由點射變成掃射。立刻，這裏另一挺重機關槍和六挺輕機關槍也發揚高度火力向敵人制壓。雙方底子彈都和夏天的暴雨一樣，橋面也給打得冒烟，破碎，有碎屑跳起來。從後面來的迫擊砲彈拖着嘶聲一個緊跟着一個落向敵人底陣地，「鏜！鏜！鏜！鏜！鏜！——」人耳朵裏塞滿了混沌的大聲，砲彈爆裂，子彈尖炸，火藥氣體爆發，不能夠思索；眼裏遮住了混亂的翻滾着舒捲着的一片灰白烟灰，突然從地上高高地向天空飛躍起來的一陣濃黑的泥土，難於細看事物，困惑在動的朦朧裏，沒有新鮮空氣，人所呼吸的是硝味。

人躍進，跌倒，射擊，匍匐，臥倒，呻吟，慘呼，血污，死亡……

終於兩排人全興奮地衝過橋去，一些人上了帶刺眼的白光的刺刀。第一排已經推進到牛皮廠和沿河一帶。第二排排長王佳壽高舉着自來得手槍。

敵人依據着工事頑强抵抗，少數的人向後奔逃，給打死在路上。

但是，正在這個時候，第一排正預備也衝過橋去，敵人底擲彈筒殘暴地密集射擊起來，橋底附近更打成一片迷茫。一個兵一身的血向前衝，血一點一點地滴在路上，像地圖圖例上的國界。同時，敵人底兵力增加了，有汽車聲音。敵人底平射砲，開始震撼了每一個人底心，震撼了每一寸中國底土地，自然，這並不是單純的恐怖的震撼，這裏面更多的是憤怒和興奮，「囌囌！囌！噝！嗚——囌！囌！——鋼！蕩！蕩！豁喇！——鋼蕩！蕩！——」頭上玻璃一樣的天氣給一種東西割切着，前、後、左、右的空氣在大聲裏給撕裂成一小塊又一小塊，粗暴地撕裂一次又撕裂一次……一挺輕機關槍中了一砲，和兩名射手同時把生命獻了出來。硝味更濃。弟兄看不見班長，班長找排長。這裏、那裏呼叫，發怒。附近的房屋死聲「嘩啦！」地，有一處起了火，黑烟像一枝擺動着的尾巴細細地豎在青空底一角，紅黃的火和黯然的太陽爭光，一羣巨蛇一樣盤絞着，伸縮着貪婪的舌。

「不許後退！」連長底命令。

「不許後退！」排長一臉的汗從粗大的喘息裏騰挪出這樣的聲音來，又向前躍進一步，但是他立刻又臥倒了，艱難。

「前進！前進！」各處的聲音。

雖然沒有一個人不急於前進，但是什麽人能夠再前進呢，一抬起頭來就會死的。有幾個兵企圖匍匐前進，蛙一樣在地上爬一步又爬一步，結果還是放棄了前進的決心。沒有人動搖，更沒有人後退。一個傳令兵剛開始向後跑，立刻像一片枯葉從高處落下來，痛苦地在地上擂滾，離開達到任務很遠。第二個傳令兵一樣受傷，躲到河邊草叢裏去。

後面的迫擊砲啞了。重機關槍沒有聲音，輕機關槍也射擊得異常吝嗇。祇有步槍還疏疏落落地響着，命中敵人。敵人底平射砲延伸射程了，砲彈用不完的樣子，黃昏的歸雀一樣多，飛行的聲音把天空蓋沒了。後面又有地方起火，房屋中砲崩倒的聲音連續響着。敵人用砲彈阻住了第三連底增援，割斷了前後連絡，並且使第二連退不下去——假使敵人底海軍陸戰隊勇敢一點，來一個出擊，那第二連就完了。但是一輛戰車挾着震撼的金屬的巨聲出現在這個爲難的時候，增加了兩挺重機關槍，彷彿要把第二連生吞活剝下去。

人利用竹籬，靠籬根伏着，掩蔽自己。但是仍舊不甘心地用步槍射擊敵人。柴正源，和蕭冲漢一樣矮小的湖北人，不知道担憂好還是發怒好。他祇控制着一排人的兵力在牛皮廠裏，爬在一個窗口上張望着，他看見了很少地幾個人，他底二、三兩排還存在不存在呢。但是他沒法把預備隊增加上去。「討厭！」他肚子裏自己咕嚕。「殺頭麼——應該殺那一個底頭呢。」他抖了一下，俞標忽然出現在他底面前，沒有了右下臂，面白如紙，一身的血，右褲管全濕，紅深得發黑。

「怎麼你！——」

「報告連……長！」湖南人呻吟着，眼深遠而黑。「第一槍毀了。」

「那你，」他又抖了一下。雖然俞標是機關槍第一連底人，他和他却有着同事七年的感情，他是並不怕血的，但是他看了朋友底血却完全惶惑了。「你下去你下去……」拒絕地搖着手，他不要看，他把頭去看別的什麽，仍舊湊近窗口去張望起來。

「啊唷！痛——還有還有一挺槍沒有人指揮了，唉！……」

「你下去……」頭並不回過來。

一個傳令兵用綁腿和一些藥品包束縛了俞標底斷臂，扶着他走出門去。他閉了眼，眼前立刻凝成一個影子，那麽一個比他年青十四歲的女人，含着熟習的微笑，肚子神祕地膨大，那是他底留置在後方的懷孕的妻。他一驚，突然睜了眼，深遠的光有點茫然的憂鬱。「我不應該結婚呀——到了現在又悔什麽」呢。他想着，一下眞切地感到戰爭底殘暴，日本帝國主義底兇惡的牙齒把他嚼得粉碎了。他底頭有一點發暈，像過度勞動後要熟睡還沒有睡熟這樣一種發暈。「我沒有一個錢，怎麽了？——第二槍，唉，黃秋是指揮不了的……」他痛恨着，想回轉去。但是他是這樣軟弱呀。「我應該靜一靜麽，不要多想……」他讓人扶着閉了眼，跄踉地走着，一下左脚絆在右脚上，一下右脚又絆在左脚上。但是他一下又睁了大眼，問扶他的人：「唔，你聽，是我們底機關槍麽？……」又起來一片槍聲，人沒法分辨。

柴正源在窗口上張望了一陣，擱弄着一雙手。俞標底影子固定地浮在他底眼前，他向東，牠就在東邊，他向北，牠就在北邊，他看看橋，牠就立在橋上，他看樹，樹就是牠，他不要看，他也不要想，但是他沒法擺脫牠。

戰車顛簸着，緩慢地駛過來。一個兵瞄準了他底展望孔。一個兵投擲了一個手榴彈。戰車底後面，有二十幾個敵人，分散在道路兩側，兩個散兵行的樣子，彎了腰，預備咬草地上的麻雀的狗一樣，謹愼的緩慢裏藏有矯捷跟了過來。一個班長一連投擲了九個手榴彈，嚇，投擲得好遠，一個跟一個那樣翻滾着超越過戰車直落到那些跟隨戰車的敵人中去，敵人開始混亂，鷄狗一樣奔跑，叫喊，躲避，倒在路邊，手中的槍拋在地上。王佳壽也投擲了幾個手榴彈，兩隻眼像偷食的老鼠。兩個兵挺着刺刀迎上去。戰車開始退却，不知道爲什麽。

砲聲稀少下來，「鋼！——」一個榴霰彈在空中炸裂，砲烟像一團晴空的捲雲，有力地旋舞着。槍聲也變成偶然斷續的射擊。

第一排排長中尉趙明傑走到坐在屋角捧着臉沉思的柴正源面前來。

「連長！這不是辦法。」

柴正源抬頭看了一看，有一點惶惑，他仍舊在想偷標的事，爲他底影子所苦。他記起了什麽事來地聽到了他底排長底話，點一下頭，又低下頭去。「兵力太小。假使，兵力大呢——！那容易，我們强渡從兩翼夾擊牠。可是：今天眞有點……其實預備隊上來了也就衝過去了。」

「小兵力的攻擊，怎麽成！這叫做是自己送死！——」趙明傑一身憤怒，黃黑的臉皮顯得更黃，綳緊。

八字橋這樣就成爲膠着狀態，停滯下來。

第一連底第二排攻擊青雲橋，隊伍剛前進到橋邊，敵人也正到橋底那邊，形成了一個不期的遭遇，彼此都來不及射擊，一見面全向後轉，像把兩枝磁針底同極放在一處一樣。

上等兵侯方勝立刻跑到河邊的一幢小樓上去，輕手輕脚，心在跳，聽到有人說話。對岸的屋頂上，幾個敵人爬了上去，正在那裏架起輕機關槍來呢。他心跳得更急，有點發慌，連忙把自己肩上的捷克式的輕機關槍放下來，打開脚架和托肩板，裝了滿滿一彈夾的子彈，「達！達！達！……」一個敵人連輕機關槍一起從瓦上滾下去，另一個也受傷了的樣子，那麼不靈活地爬過屋脊去，隱沒了。他驚呼起來，「喂！……」他急得很，怎麼後面人不跟上來！

退後的人克服了混亂，重新向前。

敵人一個密集的縱隊行軍一樣搶到橋邊來，「達達達達！……」打死幾個。

逃散了。

雙方互相射擊。

第一連連長龔義：像一匹把頭在玻璃窗上亂撞的甲虫，東跑西跑，後面跟着三個累乏了的傳令兵，他那樣呼喝着，帶着沉重的喘息，和一種略帶畏怯的暴烈。

「不要跑過馬路去！——不要跑過馬路去！——」

第三排底第八班推進到西寶興路、中山路口，佔領了一家醬園，一班人在飛灰裏忙亂地挖着槍眼。

第一排攻擊民生路直前的敵人。

四處亂打着槍，多數地方並沒有看見敵人，因爲是佯攻，向屋頂射擊着，向牆壁射擊着，向街道射擊着，槍聲像過新年的街市上的爆竹。

這一次攻擊兩個小時不到就結束了，隊伍仍舊退了回來。第一連有一個上等兵受傷，第二連犧牲了二十七、八個人，機關槍第一連死傷一員班長，一班多兵，毀壞了兩挺金陵造馬克沁重機關槍。

一個排長在他底日記上寫着：「今天我們應戰了，攻擊了，震動了閘北，震動了全中國，不，震動着世界的呀。但是，這經過祇有天曉得，我們很厲害地和敵人開了一次玩笑。自然，從這裏也檢査了敵人底能力，一句話，也不高明得很呢。」

×

外面沒有槍聲，更沒有砲聲。窗外有麻雀在吵架。

梅墨法，步兵少尉排長，獨坐在一張靠窗的沙發上。這是一家玻璃公司，桌子上堆滿了沒有畫好顏色花卉的花瓶，正中有一個玻璃缸，裏面有幾枝折斷的水草和一尾祇剩一隻大眼的疲乏的黑金魚，還有幾個『鴻圖大展』之類的銀盾；紅木牀上有漂亮的臥具，大紅綢被和湖綠色的有刺眼地紅、綠的湘繡的枕頭；牀下和牀脚邊有一些舊鞋子。他就沉落在這些東西底包圍裏。他現在在回想剛才發生和結束的戰事。他這一排是第一連底預備隊，位置在中山路上，和一挺重機關槍一起。他並沒有看見敵人，他祇是興奮地聽着第一線底槍聲。他底一排人給連長拆得稀爛，說是預備隊，第八班却領受了連長給牠的向西寶興路攻擊的命令，第七班又調去增加第二排，他手中祇剩下了一個第九班。今天的一戰弄得他莫名其妙。他憤怒。

「這算什麼？……」

但是他心上並沒有陰雲一樣的懷疑，他倒爲明朗的遠景的構想歡喜，他不過略微有一點迷惑罷了。雖然已經放棄了奇襲敵人底時機，今天的攻擊又一無所得，祇有暴露了自己底企圖、位置、攻擊力底沒有組織；但是兵士們是這樣活躍，像太陽初出的清晨新鮮空氣的樹木中的鳥雀，又十分堅决，不怕犧牲，並不是平時那種猥瑣的可憐的樣子，並且，既然中國底子彈已經向敵人射擊了，就無異是一種民族永在和勝利的保證。他沒有理由憂愁，更沒有心上多餘的空間來安插憂愁，就是發怒也像是多餘的。他默默地坐着，聽着弟兄們雜亂一陣謹愼一陣的說話聲。天漸漸地暗下來，他兩眼凝望着的掛着一付泥金對聯的粉牆明亮度漸漸褪色；他本來並沒有覺得，等到一下覺得了他就迅速地立起來走到窗前，輕輕吐出一聲爲了變化太快的「呵！……」

外面，火伕來送飯了，菜鉢子底聲音，說話聲音。接着傳令兵給他端了飯來，他什麽也看不見，房屋裏全黑了。他不要吃飯，祇是踱着，兩手抱在胸前，繼續沉思。

「我應該怎樣呢？我能夠怎樣呢？唔，我希望抗戰；抗戰到了面前我做了些什麽？一開始我就什麽也沒有做。跟在他們後面我能夠做什麽？我自己，我自己也」立住了，望了一望窗外的黑天。「我是完全茫然，茫然，完全茫然呀！我能夠在抗戰裏做一個排長麽？我能夠自信麽？在意識上我能夠的，在技術上我就沒法肯定自己麼？假使，這閘北戰爭由我來主持呢！——」他忽然大怒起來，那麼兩手緊絞地抱住自己底胸、像枯草上微微冒烟的野火突然從平靜中灼灼烈烈地燃燒起來，憤怒而痛苦。「我也和他們一樣狼狽麼？我不行，他們更不行！我完全給他們弄得茫然了，茫然像這個夜，一塌糊塗，我不行啊……」

×

來了命令：祇有進沒有退。退後一寸的殺頭。

×

夜色十分幽靜柔軟，人散步在裏面，有在海濱遠望的，祇覺得自然底伸展過於廣大和自己底縮得更爲渺小的，帶一點茫然的那樣一種不可思議的情趣。類似提心弔胆，却完全和恐怖相反。梅墨法，他不想睡，預備隊是應該養精蓄銳的，但他今天心上有一點異樣，多了一點什麼或者少了一點什麼的樣子，他不想睡。他踱到了道路中央來。瞭望一陣，除掉右翼以外的租界上反照在靑黑的天空上輝煌的燈光以外，完全是墨汁一樣的世界。脚底像有無數深坑，額前像有無數椏杈，人走路要用小心的嗅覺。但是實際上人底步子是閒散的，和緊張的局勢也不調和。一個哨兵底影子在一根電桿邊疲乏的鐘擺一樣弛緩地搖晃着。他把兩手抱在胸前。

忽然，他底眼亮了起來：像在山頂看日出一樣，從混茫的黑暗裏，不知道在什麼時候騰起來一線强光，那麼從厚厚的雲壁裏透出來，把附近的雲塊燒成金紅的紅熱狀態，接着、不過一瞬的時候，就把一大片天空染紅，就把一大片閘北底高高低低的屋頂，烘托得凸出地深黑。他還沒有讓驚歎從喉頭升上來變成聲音，有開窗的聲音，有擁到道路上來的急促的雜踏的步聲，有人聚在樓上說話，閘北第一夜的火啊！四處的狗大驚小怪地開始用疑問的聲音吠叫。

火延燒起來：紅的雲、灰黃的雲挾着閃爍的火星，在天空盤旋，盤旋，火焰比神話中的巨蛇更矯健地舞着牠腥紅的津津有味的舌——延燒底速度大於末日底瘟疫。

火像維蘇威那無賴，灌醉了酒，無恥地向平靜的人間嘔吐牠底紅黑色的殘暴和惡毒。

火像未來派的繪畫，用大塊大塊的紅黃畫出了暴風雨底景色：風是紅黃的，雲是紅黃的，土地是紅黃的，天空是紅黃的。

火像古羅馬鬥獸場中的動物，紅了眼，染一身的鮮血，瘋狂的食肉慾驅使牠奔突來去，要把牠這個個體以外，一切的血肉的生命吃個精光，獰獰地用牙齒咬嚼着，咬嚼着肉，咬嚼着血，咬嚼着骨頭，「啯喳啯喳！——」四面包圍着的是像極遙遠的，但是極悽痛的秋晚風一樣地弱小的一片慘呼。

火中有小東西不斷地「嗶嗶剝剝」炸着。

火邊的電線像五綫譜底投影，那歌曲不寫符號，不知道是咒詛還是歌唱。

面向火的一切都發光：距離再遠也一樣發光，鋼盔的輪廓發光、槍底圓柱發光，人底黃臉皮發光，高大的牆壁發光，明紅的光，暗紅的光，黃的光，白的光，活躍的光，憤怒的光，仇恨的光，反惑的光，清醒的光……

西寶興路前是一個火海。

西寶興路前沒有天空，天空爲火所篡奪；沒有夜，夜爲火所驅逐。

「嘩啦！——」一片屋頂倒下，火更抬起頭來，有一大朵勝利的歡喜的新的烈焰升騰而上。

「排長！」說話的兵眼特別烏亮，頭上的鋼盔和手中的槍一樣在敵人之前的黑暗裏發出光輝。「閘北會燒完麼？」

梅墨法，不但他底臉光也燃燒着，心上的毒焰更和火景相應地翻騰着。用憤無所洩的惡意的沉聲反問了一句：「你怕了麼？」他要用這話來打擊兵，出氣。

「不！」那個兵受了侮辱一樣，不平地，不管你是排長和平日的崇敬，用決然的聲音說道：「不是我怕。我是說閘北燒掉甚至全上海燒掉最好，中國沒有·

日本牠也沒有！」

排長底自尊心給踢了一脚：像靑靑的天空飄過一小片白雲一樣槊恨的心上飄過一小片羞愧，想：自己竟不如一個兵呢；但是他口中却暴躁地喝道：「你比我懂！」說着，仍舊抱手在胸前，找事生非的流氓樣子，大步大步向前走。

忽然一個兵從背後追了上來，膠皮底鞋在平滑而發黯然的紅白光的柏油路上打出淸脆的拍子。「排長排長！……你不要去呀！……」

但是他並不走回來。他立在一家木行門前，那一天攻擊的時候他到過這裏的。望着火，想，應該燒到西寶興路來了的；照最初的估計，那西寶興路是早燒成焦土了。火到底是近呢還是遠呢，他沒法看得準確，因此他是更憤怒了：像賭徒沒有看準確這一牌是『天門』還是什麼一樣。但是他憤怒的對象是火麼？是戰爭麼？是自己麼？是日本軍事法西主義麼？他底憤怒內容是這樣複雜的，有點變態的。自從那一天攻擊囘來，他很容易觸怒，要找人出氣，坐下椅子去的屁股也是發怒的，沉重得使椅子叫出「吱咯」，洶洶的氣勢像找母雞的紅冠公雞。

他望着火，想着一·二八戰後的一片毀滅的屠殺的瓦礫，想着像古羅馬景物的中國公學底柳綠和夕陽裏他憑弔過的遺骸，中國軍隊底撤退和上海停戰協定，想着比這更早的繁盛的寶山路，海濱的大學和校園中用三種顏色的菊花排成的C. N. U. 三個大字……憤怒麼？他輕輕地喟歎了一聲。

終於，兩小時以後，火雖然還是瘋狂的，他走回來了。一路上全是兵和沒有遷走的『老百姓』，他回過頭來看看，一個奇景：人和建築物全是精緻的剪影，輪廓上鑲着一點柔和的微光像要從天狗口中吐出來的月亮。再望望後方的遠處，天空的恐怖的火色漸漸沖淡，烟霧也蓋不住全部天空，有幾點閃爍的星眼一樣向下看人。一家人家底幾片窗玻璃反射出血一樣的強光。

有人在爭辯：

「一定是漢奸放火的。」

「那裏來的這許多漢奸——一定是日本人。」

他，無可奈何，田蛙一樣裝着一肚子憤怒，爬回洞去睡覺。

×

做工，做工，做工。

×

幾天的時間，人民走完了。偶然出現一個、兩個，命令上暗示以漢奸辦，兵士們更自由開槍。一個人給打斷了手臂，因爲在兵士們底吆喝聲中逃走，下臂祇有一點皮肉掛住在上臂上。連長龔義胡亂問了他一陣，要傳令兵王鴻昌送他到營部去，王鴻昌在路上又打了他一槍，理由是「我看他底樣子就不像個好人！」第二天看到了他底屍體，給雨打過了，肉給沖得成爲淡紅色的，腦炸掉了半個像雞蛋殼，嘴和可怕的牙齒歪在一邊。

梅墨法禁止了弟兄們胡亂射擊。這很使他們不高興。他要他們把捉來的漢奸送給他，這樣、一次，半小時以內，他就審問了五個所謂『漢奸』。

一個不會吸烟，但是身邊攜帶了三盒火柴；一個搜出來一個無用的鏽了的鐵的鑰匙；一個有一個古錢；兩個不過經過而已。

一個，一走進門來就啞巴那樣忙亂地做着手式，說不明白，結結巴巴，「阿拉(我)阿拉……阿拉屋裏向(家裏)就來(在)啦此地……阿拉……阿拉就就住……阿拉阿拉……」口水亂噴。

一個穿白印度綢短衣的，給弟兄們一推進門來就幾乎給門檻絆倒，面色慘白，手指怕冷一樣瑟縮的，兩眼茫然失神，到上等兵段清生用暴烈的聲音威嚇他：「你是漢奸！你不認也——」把槍機「切擦」一聲打開，他就兩眼一閉，腿軟弱的彈簧一樣一顫，要暈倒的樣子。

他問他們爲什麼懷着這些東西，他們都說不出好聽的理由。帶火柴的一個，嫌疑大一點，但是他底火柴每盒都是滿滿的，盒上也沒有擦劃痕，他可以說的理由就是他偶然買了帶了這些東西。

他宣佈他們無罪。

弟兄們更不高興。甚至說：「排長！你放掉漢奸，我們可不管。」

但是立刻就明白了：這些『漢奸』們，給宣佈了無罪以後，個個活躍起來，給兵士們送香烟吃，哇啦哇啦說起話來，說到六三花園底地道，說到公大紗廠敵人底軍火儲藏量，說到到日本坟山去的走法，敵人兵力和散佈，說到八字橋大約有多少敵人，說到西寶興路在一·二八以後給敵人改名亡國路，走過的女人要脫下褲子來看，……

他們走了以後，梅墨法底面色和聲音立刻嚴厲起來，嚴厲得像高峻的山峰。

他在屋子裏來回踱着，抱着兩手說道：

「你們來幹什麽的？」他威稜的眼掠了留住他的弟兄們一轉，他們立刻都立正了，手掌敬樞地平貼在兩腿上，彼此偷偷互望。「來打日本人的？來救同胞們的，還是來打中國人自己人的？假使我說你們是漢奸，問也不問，就是一槍，你們心裏怎樣？——」

弟兄們走出門去以後，他捧住了額，伏在堆着玻璃瓶子之類的桌子上——但是他立刻又憤怒地跳了起來，拍了一下桌緣，痛苦地叫道：「政治！政治！政治呀！」

他忽然看見，桌子上的幾個銀盾，不知道怎麽的祇乘了紫色木頭了。

×

敵人方面的連續的高射砲聲，這是美麗的金屬的炸裂聲，「鏘啷！鏘啷！鏜啷！——」夾在裏面的是鼓皮革一樣的高射機關槍饒舌的聲音。

人搶到窗口去，幾個人爭奪一個位置，後面的人把熱的呼氣吹在別人後腦上；人不管危險不危險，跑到馬路上去，抬起頭來看，興奮地指着叫着：「是我們底飛機！是我們底飛機！」單『人』雙『丁』，一個人跑到草地上去擺布板信號。

三隻灰色的單翼機一下從雲裏鑽出來，一個等腰三角形，一陣繁響敵人底二十幾朵高射砲雲散佈在牠們附近，有一砲看起來像正打在尾巴上，但是並沒有眞命中，牠們又鑽進灰色的低雲中去了。又是五隻，又是兩隻雙翼的。又是高射砲聲。又是一朵一朵的灰黑的烟雲，雲漸漸地改變着角度，跟在飛機屁股後面。「嗚！……」什麽地方的發動機加馬力的聲音。什麽地方炸彈爆炸的沉重的聲音。又是三隻，一隻給高射砲打散了，左右搖擺着，像給打傷了，急急地逃走，但是牠一下向驕傲海軍旗一個四十五度角的俯衝，「嗚！……」頭一抬、落下了一個黑點，一個叛逆的禮物，在爆炸聲裏，牠安全地躱入雲層，祇有一個淡影，接着淡影也消失了。下面給牠一陣鼓掌。

「不錯！」

「中國飛機也有種！勇敢！」

「哈哈，他媽底好乖呀。」

第二天又是飛機攻擊，人愈興奮，緊張，喧囂，擠在窗口上，爬到樓上，立在門前，跑到道路中央用一隻手遮住眼前的强光張着古怪樣子的口歪着頭向天看，不管軍官們底禁止和喝叫，軍官們自己也要看，趕走弟兄爲的是自己可以獨占一個窗口，人所注意的是怎樣打擊了敵人，並不是自己或者部隊底安全。

（一樣是高射砲猛烈的吼叫，一樣是英勇地襲擊的炸彈，十幾分鐘以後，靑碧的天空上祇剩下了一簇一簇美麗得變成純白像羔羊的烟雲。

但是半小時以後又是一次襲擊。

於是，第三次的襲擊，第四次的襲擊……

末後的一次，在沉重和無力的落日光裏，一隻雙翼機忽然那樣嗚！……了一聲，擦一根火柴一樣發火，尾巴上，在明亮的火底四周，有短短的不像尾巴的黑烟，那樣向敵人陣地急速地降落。

人底心一沉，處處發出可惜的「啊喲！」「喔！」

人到後來才知道，這是閻海文，還有一個美麗的血底故事，抗戰底火花。

空氣又平靜下來。楊樹浦那一角上，有一隻敵機低低地來回飛着，古怪樣子，肚子下面有一隻大鞋子向前突出。

有人說道：「單是空軍底攻擊，和單是陸軍底攻擊，錯誤有什麽分別呢？」

但是，因爲空襲的恐怖，敵人海軍司令部上的戰鬥姿態的旗幟，一夜悄悄地收了起來．不再在中國土地上裝模作樣了。

×

閘北完全是另一個世界了：

敵人和我們都無情地射擊狗。人恨「偵探狗」和恨敵人一樣，一看見就射擊。因此狗嗅到了人底氣息，看到了人底影子，頭一低就陌生的白兔一樣胆小地拚命逃走。

有一隻狗，鶏一樣豎着細長的頸子和兩耳，圓圓地弓着背脊，尾巴夾在屁股縫裏，一步一張望，比賊更機警和輕悄地走在並沒有人祇有紅黑的鏽鐵皮和烏焦臭的斷木頭的火燒過的小路上，爲了嗅嗅什麼地方有食物。

人在什麼地方坐下來，總有一隻本來不睬生客的貓走來親近你，直豎了尾巴繞在人底腳邊或者用頭來擂人底小腿，摩擦幾下，諂媚地叫着「妙乎」，甚至跳到人底膝上來，你推牠下去，牠會再跳上來的，跳上來用兩隻前爪在人胸上爬着爬着，像還要爬上胸上來。就是用重重地一腳踢了開去，牠仍舊會走來的。多的時候人同時會遇到三隻，甚至五隻。

並不是因爲人在抗戰，牠來慰勞，或者，倒因爲人是戰士，以自己底血、肉換取中國土地上一切生命底存在，自由，解放的戰士，也能夠分些他底慈愛給一隻中國貓，給中國貓底肚子作一點打算麽。

猪在柵子裏從早到晚地啃着木頭，啃得灰色的木柱，露出新肉，啃得一處傷疤又一處傷疤，還想把自己養得更肥麽？

閒逸的金魚在池裏游泳着，彷彿並不聽見砲彈底聲音，雖然已經有開始餓死的，翻一個大白肚子瞠一雙高灰白眼珠向天。

日本軍事法西主義簡直是災難的颱風：不但對於人類，甚至對於牲畜；不但對於爭自由解放的中國之子，甚至對於見糞便搖尾和向世界一視同仁地提供肉食的狗、猪，不但對於直接在砲火下的犧牲，甚至對於生活在玩物的和平裏的金魚……

祇有蒼蠅，有着腴的犧牲者底血、肉可吃，有過一夜就長一層橘皮紅的黴菌的粢飯可叮，特别繁殖、活躍在這個「東亞安定力」底陰影裏，滿滿地集在電線上，使每一枝電線粗大三倍以上。

×

×

火！火！第三個還是火！

敵人增援了，左翼一夜不斷的砲聲，窗玻璃輕輕發震，過一秒鐘得得得得：

………地一聲低呻。

×

營長蕭冲漢撤職，新營長是做特務連連長的易瑾。

第一連分住在一家洗染公司和一家玻璃廠裏。連長龔義老鼠躲在洞裏一樣躲在深入地下的鍋爐改造的掩蔽部裏，嚼吃着從團部領來的慰勞品的蘋菓餅乾，弟兄們也一天到晚地嚼吃慰勞品，不過那是多餘的和揀剩的，有一班人還從什麼地方徵發了一隻猪來剁吃。

天剛黑，忽然來了消息，第三營攻擊。

八九點鐘的時候，一排一排一班一班地默默的人流向前去，祇有沙沙的步伐聲和細微的刺刀在鞘中的轉側聲。

不久槍聲一響，雙方底輕重機關槍一齊吼叫起來，流泉一樣沒有斷竭的時候，砲聲也發出憤怒和殘暴的呼聲，中砲的地方又是一場大火。

梅墨法等着自己底攻擊，但是自己祇有做工又做工，把自己完全弄疲乏了。每一次，自己都站在攻擊以外，他是把攻擊看做直接抗戰的。因此，就像自己和抗戰血緣關係有些路遠，有渴望和幽憤。他到現在還沒有看見過一個敵人，倒霉，這一次又做了寄生物的第二線。他走出門來，憤怒和憂鬱是推不開的。他向前面望望，前面有什麽呢，黑的。一顆砲彈從頭上飛過。

槍聲斷斷續續地直到天色微明。

他還是立在道路上，等候什麽。上眼皮漸漸沉重，他看見了幾個傷兵呻吟着退到後面來，當爬越障礙的時候，他扶過一個人。這個時候他又看見有幾個黑影，忍耐着痛苦，忍耐着艱難，口中或鼻中有一種極低的嘶聲。

「前面怎樣？」他衝動地問。

「梅排長？啊！」一個班長底異樣軟弱和悽苦的聲音。不知道怎樣認識他的。「我祇帶下來六個人。我們一連人全完了，連長也死了，機關槍擂倒的嗯第八連也……嗯，排長！我們已經衝了過去，敵人退了沒有人跟上來……後面給人一包，機關槍一封鎖，全完了，全完了！——我自已先左手……手掌上……帶彩，第二次又是腿上，不知道怎樣……要辛苦你們了，排長！」

在陣地上變得善怒的梅墨法，忽然眼裏滲出酸淚，說道：「同志！辛苦的是你們——」

第三營全營祇收容了不足一連人。屍體完全拋棄了，連長底屍體並不比弟兄們底貴重。

×

青天白日徽的飛機白天不再看見，所看見的全是紅日徽的。轟炸開始：飛機一天到晚在頭上「轟隆轟隆」，把人趕到掩蔽部裏和屋子裏。一天三次的有規則的砲聲，上午一次，下午兩次，每次三五十發，榴彈把土地挖一個洞，或者打斷一段交通壕，偶然也打死幾個中國兵，榴霰彈烟在空中旋舞，打不到一個人，燒燬了一些房屋，地上隨處是紅鏽的彈片，有完全不炸的大、小口徑的砲彈，地上還有炸碎的變形的彈頭，半個子彈嵌在路邊一根電桿上。

敵人飛機一低飛，「嗚！……」投一個彈，後方高射用二公分小加農砲和重機關槍就射擊起來。這樣，敵人底小口徑砲又臨時射出三、五十發的砲彈：「嗾嗚！嗾嗚！……」

敵人底各種口徑的砲彈，開始的時候，有三分之一到九分之一的不發彈。閘北漸漸地增加破碎的房屋，折倒的電桿，破壞的路面。

×

來了命令：加強工事——副總參謀長白崇禧到五百二十四團正面上來視察工事，才看一眼，就氣忿。

營長底話：在長期抗戰裏，首要的是保存幹部，每一個官長應該有一個强固的掩蔽部，無論到那裏都要有一個，沒有的嚴重處罰。

×

換防換來換去，換到天通庵路，換到民生路，換到指江廟路，換到濟陽橋，換到中山路，又換到民生路。

×

梅墨法現在他是住在茄子田裏的一個小小的掩蔽部裏。這個掩蔽部，看來像個墳墓，他厭惡牠，並不是看了牠會想到死，更不是爲了牠底不祥，倒因爲牠底特徵，埋藏的不是屍體，腐敗的血、肉而是活生生的人，不安分的但是被强制着的一身精力和又熱又辣的粗大呼吸。他要火伕帶了來一份申報，全是血戰和勝利的字樣，但是自己是躲在掩蔽部裏，像個刺蝟。他一心厭惡，難以分辨那到底是憤怒呢還是眞是厭惡的厭惡。他把報向頭邊一摔，報仍舊落在自己面上，他用手掌一手，報給打破了一塊。他一下鑽出掩蔽部來。

「啊！……」

外面是不怎麽强烈而透明的日光，圍住他底掩蔽部的是一大片的草地，也有豆子和玉蜀黍之類種着，縱的横的交通壕蛇一樣蜿蜒地伏在雜亂的植物裏，這些植物發出新鮮的綠色，綠色的香氣。

「自然是偉大的和平呀！」他動了詩意地想着。但是一瞬間他底情緒又惡劣起來，像虹消失在黑雲中。一隻輕轟炸機正從左翼雨後的蜻蜓一樣平穩地向他飛來。「這空間，這裏有的應該是自由，自由的生活，帶着笑聲的家庭。他看見了飛機，因爲光底刺眼看來是淡淡地難於發現的灰白色的鬼魂樣的東西；他底耳朵熟習於搜索幫助了他底眼，但是他不躲避。他轉頭向後看，草地底邊緣距離三百多公尺，一些牆壁殘缺得像蠶吃剩桑的葉，一家人家傾斜着，屋頂上的瓦全落下來，椽子露着給拆散得像一把破傘。右翼，中山路上又有烟火，一條毒龍把爪子攫取青空上的白雲小片。「但是這裏有的却全是毀滅，不管你是有生物或者無生物，法西斯蒂底世界！而我們又——不但我沒有機會開一槍，我們不會實行攻擊了的，我們底目的像是守住閘北就夠了，不，我們底樣子不是戰爭，而是敷衍像京，戲中的跑龍套的角色，這叫做我們底抗戰，用比頭號字更大的字在報上登着的抗戰，血寫的歷史的抗戰麽？」飛機一轉身，中山路方面敵人又射擊了十幾雲在空中滾着不肯散，又是空炸信管的榴霰彈，有燃燒的副作用的。「這是和敵砲，砲人客氣。——敵人可不客氣，你看這個！這不是政略不夠，就是，至少是戰略不夠；假使是英勇的懦怯，更壞事。他摸摸下巴，鬍子長得發軟了。「敵人以爲巷戰是人拚人，不幹。這樣我們底軍官們才能夠在掩蔽部裏吃紅燒雞肉、酒，甚至把太太偷偷接到掩蔽部裏來；我們底兵士放哨以外就打牌，燒東西吃，有的是猪、墨魚、南瓜、四季豆……什麼地方去揀些心愛的，從來沒有看見過的東西。唉！我也在抗戰裏麽？這也是抗戰麽？」

他一跺脚，「拍！——」地一聲，一個彎了腰身上披着黃一塊綠一塊的僞裝綢袍來的兵驚疑地立住一下，他看見他手上抱着一些蚊香紡綢褂子，一條黃灰俄國毯子。

「而我也因此能夠在硝味裏享受和平……」

「小兵力的攻擊等於不攻擊，小兵力的攻擊不過是敷衍抗戰呀。失敗了，不檢查原因，反被教訓得在敵人前安分守己地不動，說是『攻勢防禦』，最近又聽說是要死守閘北。」他憤怒得忽然出了淚，眼角酸澀。我們憤怒的手臂不過八十生的長，敵人底砲彈三、五百公尺距離可不希奇，於是一團人一天給打死兩個、三個，說我們底犧牲最少。對弟兄的訓話一樣，編成了一串激昂的句子，但是那是無聲的，到了這裏，却眞正大聲罵了起來：「他媽啦狗屄！……」

於是，他望着一個紫色的向下掛着在綠葉裏的茄子，但是他眼無所見，那麼喃喃起來：

「防禦，至少不過守住原陣地，進展不了一寸，打不到敵人一根毛，一根頭髮。敵人底砲彈今天打在前一百米，明天打在後三十公尺，總有一天打到的；也總有一天要打毀的，那就一點突破，全線動搖了……糟糕了！你說不是……你知道敵人從什麼地方來打你呢？在什麼時候來打你呢，早上八點鐘，還是你吃午飯的時候呢，他還可以集中三百門砲打你底一點……」他完全瘋狂了。胸激動地大起大伏，兩手絞着扭着。以下又變成無聲的心語。「假使我們攻擊，那條件不是相反麼？假使我們又是奇襲呢，夜襲呢？——爲什麼不早下手啊？爲什麼拿小兵力來開心呢？……裝備相差太遠，放屁！攻擊倒是避免敵人優勢火力的唯一辦法。那些飯桶！但是我們是這樣的攻擊，這樣的防禦——『攻勢防禦』麼？屁！我看以後是我們祇有死死的防禦了，結果等待什麼也沒有。我老太婆一樣多心麼？你看這樣子不是防禦是什麼？

他腦中的東西又變成混亂地一束，攻擊和防禦、戰爭和和平、憤怒和憂鬱、抗戰底光明和指揮底灰色、茄子、日光，接着又想起來三月的西湖、母親底慈顏、和平的家庭生活……

「我到掩蔽部裏去等砲彈吧！」他叫着，一彎腰又鑽進那個小黑洞去睡了。

×

一班人在做工，除掉射擊位置，要把臨街的房屋全堵塞起來。射擊位置全是裝滿了土的麻包堆成的，從地上堆到觸到樓板，像米廠底堆棧。別的房屋被桌子、裝土的木箱和木櫃、櫃檯、缸、鐵牀、脚盆這一類東西雜亂地塞滿了。一個兵曳着一張沙發，走到門邊、曳不進去，給門檻擋住了，爲難得洞口的含着一個大痲蝿的螞蟻一樣蔔葡徘徊，額上是金屬光澤的汗水，用一隻沾滿了灰的手背一抹，黑了。兩個兵滾着一個用柏油桶子改造的爐子，嘴唇向內咬着，一弓腰又一挺腰，要使自己長得更高的樣子，一聲「嗨唷！」沉重的柏油桶子滾動一步。

幾個休息的兵在地上蹲着或者坐着，二等兵彭輝口中含着一枝奢侈的白金龍烟，並不吸。他們在談着日本兵。

「眞的，他們底話和我們一個樣：『報告連長！報告連長！……』」

戰爭一開始，梅墨法就聽說敵人底言語和自己底相同。他不相信。他以爲那祇是弟兄們底神經過敏，他想，敵人或者能夠說中國話，但是那祇限於少數，是支那通之流。他就斥爲謠言。但是經過了幾天，人人都這樣說了，處處都這樣說了，他自己也終於在笑人底愚妄裏讀到了情報，正面的敵人裏有僞軍張海鵬部，現在，他又聽見了這樣的話，他覺得頭痛。想：「這又是政治問題了！中國人是這樣沒有政治認識……那末，我們一根木頭、一鍬土地做工又有什麽意思呢？一些人却幫助敵人來打自己底弟兄，會那樣——政治問題不第一位地提出，眞不懂；軍事底價值是小得很啊。」他故意不停止，走了過去。一看，七、八間房屋都給東西堆得烏黑了。

他自己看得也疲勞了，弟兄們做工的姿態更是綿軟的，他下了命令：休息十分鐘。

個個人都是烏黑的一身灰，像鐵匠，像從老屋的蛛網中去出來的捉迷藏的頑童。一休息下來人就哇啦哇啦有精神，叫囂起來了。

「排長排長！呃，排長！爲什麼我們守陣地別連不幫我們做工事，我們當預備隊總要給別人做工呢？」

這不平的砲聲一響，人羣沸騰了。這裏的話很難說，他也爲此憤怒過，做工努力的老是做工。弟兄們日、夜得不到休息，過度的勞作會使他們消沉怨恨，什麼也不賣力氣，也要影響戰鬥力。說做三天休息一天，說徵發過五百根木頭就休息，說夜裏做工白天休息，說預備隊以休養爲主，說兄弟們以後可以有休息了，以後做工有合理的分配了，說白天絕對不做工，危險太大……可是工作永遠是不斷的，和刑罰的鞭子一樣。人把殉道的血染紅自己底符號邊邊；把人底汗換取主宮底點頭——並非必要。他到底應該怎樣說呢。他不能夠不代表弟兄們，體諒弟兄們，但是他不能夠把弟兄底情感的火吹得更猛烈，那會影響戰爭。他反祇有用軟性的壓制和欺哄。他立住了，猶豫、謹愼地用門齒咬下乾枯的唇皮底一片來。他雖然憤怒像火，但是他不敢露出火來給弟兄們看。

「但是我們這工」，他舉起一個手指來，傳教士說到天帝的姿勢，縐着眉。「並不是給『他們』做的，是給國家做來打敵人的。有一天我們換了防來還會自己利用牠呢。怨什麽呢。多做一點工就是對抗戰多盡了一點力，你們不願意？」

「排長！」彭輝叫了起來：「我們願意做工，但是要大家都來做、守陣地的怎們不做，不能夠老要我們做，我們死也願意，還怕做工麽？」

排長祇有輕輕地在鼻孔中一「哼！」避了開去。

營長易瑾來査工事，後面跟着新近晉級中尉的王佳壽，諂媚而恐懼地聽一句話應一聲。走了過去。但是不久他們又去了回來，易瑾脚一頓，脫下頭上的鋼盔來。頭髮被壓得凌亂。「誰敎你們休息！」

大家立起來，立正，不動。

「誰？誰？」他用湖北音的普通話急躁地問，面色通紅。「找你們排長來！——混——蛋！」

梅墨法走來，立正，舉手，敬禮。

「你看，你底弟兄坐了談天，你看，幾間房子的工都沒有做好，那你來幹什麼？」手指惡毒地指着梅墨法。「那你還是睡覺好了，回家去好了。告訴你，這是戰場上，你不做工，不努力，我就以作戰不力論罪，小心！戰場上要殺就殺，沒有客氣，看你今天弄不弄好！」

易瑾像一隻叶殺雞一樣用憤怒的架子走了去。梅墨法看見，王佳壽那麼回過頭來老鼠一樣看了他一眼，有得意之色。

大家都憤怒起來：有把手中的工作器具「啃啷」地摔得很遠的，有沉重地坐下地去拱着像猪的嘴的，有用破嗓子大罵生殖器的，有歎氣的，有說「排長！排長！我們不幹！」的。

他要哭。他受盡了委屈，像一把刀人拿了牠來做裝飾品，被賞歎任鏽蝕鋒鋩裏，沒有吃過死仇底血，現在人又說牠不是好刀，說是不是好鐵，是小賊挖牆洞的東西。他心中憤怒和憂鬱纏絞着，什麼時候也沒有這麼劇烈，有吃了一大碗熱熱的酸辣湯的滋味。自己是爲什麼才到軍隊裏來的，自己是爲什麼到這裏來的；但是人却不分黑白。差不多要當漢奸看，要殺頭——眞死了，倒不莫名其妙。他閉了一閉眼，咬緊嘴唇，忍住了淚和激動。他抱着的兩臂絞得更緊，不䘏把自己底胸廓絞碎。但是他却堅強地做了一個手式，制止弟兄們，用低沉得深谷中的流水樣的聲音說道：

「不！弟兄們！人怎樣說我也不管，我們祇問自己在抗戰裏在良心裏做了多少工作。不，弟兄們！我們現在再開始做。」

但是弟兄們還是叫着：

「排長！你怕什麼——看他殺得光麼！」

「不，排長！要殺我們大家同殺好了！」

×

下午八點鐘得到命令：第一營攻擊「三十八號」。天天在挨打裏過日子，不死不活。這攻擊的命令却一下把人弄興奮了。人跑來跑去。人流在夜黑和星光裏輕快地向前走，梅墨法夾在裏面，這彷彿一條春江，用音樂的微聲，活潑而新鮮地，流走在夜風的原野裏。

一營人集結在金城煉瓦公司前的空地上，等候着開始攻擊的命令。梅墨法回想着營長底話和他底攻擊部署：「第二連第一層包圍線，第三連第二層包圍線，第一連第三層包圍線。我有把握！」

「今天麼，我要試試我自已。」他暗暗得意。

團長與求劍來看隊伍，人看不見，祇聽見他愉快地飄揚在夜色中的湖北語音。

但是一個鐘頭，兩個鐘頭，直到第二天底上午三點鐘，人已經困倦有從瞌睡中一下醒來指指眼角問「攻擊了麽？」的，却忽然來了命令，改爲明晚攻擊。

可是第二天仍舊沒有攻擊，士兵們都駡了。說是等重砲呢。

可是這以後第五百二十三團就沒有過攻擊。敵人也祇在倫敦路上用小部隊來試探了一次，打死了七、八個，屍體給拖了回去。

每天是轟炸，一天三次定期的砲擊，每天是火，每天是做工，是吃、睡，偶然有幾次換防。

×

人民留在閘北的少於晨星，有兩個是捨不得家的老太婆，住在砲聲和池塘一樣的彈痕裏，生活在破壞的建築物堆裏。

×

一排人在青雲路上住了一星期的樣子，因爲連又調爲預備隊，住到寶通路上，一幢紳士氣味的小紅洋樓裏來，右面就是髑髏一樣的東方圖書館。

排長梅壟法，一走進一個房間就立住了。這房間底淡黃的牆壁給砲彈打出一個大洞，碎磚細泥舖了一地，還有一些彈片，一張月夜的湖邊的垂柳顏色的沙發打爛在一邊。三公尺以外，一座鋼琴。小圓桌上一瓶美麗的孔雀尾羽，和一些乾萎碎落的花。一張油畫掛在弧頂的玻璃窗底對面。此外，是凌亂的東西，給兵士們『發洋財』過的老樣子。門邊和門外是絆脚的（一些半新的高跟鞋、銀色的、肉色的、黑色的、漆皮的、彫刻的，有十八九雙之多，同一的脚寸。還有一本德文書散亂在地上。

他手抱在胸上立了一會，拖過一張凳子來坐。輕輕地打開鋼琴蓋子，接着，按捺起來，音鍵跳出淒厲的聲音來：

「……家成灰，

親墓生春草，

我弟妹，

流落他鄉。」

一個兵悄悄地走到他底背後來立着，他不覺得。

×

閘北，眞是守勢的閘北呀。

一連人在宋公園路上做了四天工，撬去地板，掘去水泥走廊，從這家打通到那家地打通牆壁，利用建築物挖成了一條一百多公尺長的散兵壕，做了一些槍眼。

一排人給調到民生路，仍舊是做工。

太陽已經低落，九班班長中士應得標，像疲倦了的旅行的人拖着手杖一樣手中拖着圓鍫，「嗤唧嗤唧」發響，額上是烏黑而微亮的半乾的汗水，口中咬着半枝紙烟，軍衣祇穿了一個袖子那麽披在背上，另一雙手臂上白到變成烏黑的襯衣袖子高捲着，一走進門來就立正了，取下了烟，很爲難地向梅墨法報告。

「報告排長！這個，這個防禦戰車壕今天無論如何做不了的，請你請你想辦法！」

坐着的梅墨法立了起來，苦笑笑。受領了任務，他就計算了，這需要多少『八時』：八公尺寬，二公尺深，十公尺長，除土量一百六十立方公尺。平均每人每小時除土半個立方公尺，一夜的工作時間以十小時計算，加上白天所做的，三十個人以三分之一輪流休息、換班，到明天天明應該可以完成的。但是，他知道，這雖然已經是退後一步的估計，問題仍舊是有的，現在問題果然來了。

「怎樣！他斜看了一眼他底班長，用右手手背擦擦下巴上的鬍子。「才開始做就說這樣的話？」

「排長！」應得標把圓鍬柄子靠在桌腿上。「開山一樣呢！大十字鎬又祇八班有；連大帶小是四把。圓鍬挖斷了兩把，有雄用。十字鎬一下去都是火，一動也不動，鐵的，還是他媽山好開一點。排長你不相信你去看？」他愛排長，但是他到了這種地方，排長不相信本排的人，不爽快，不放鬆一點，他是十分生氣的。

「那末，已經挖了多少呢？——我剛才在連長那裏……」

「最多不過十生的。」

這使他吃驚了，兩小時的工作，「十生的！」

「怎樣『多流汗少流血』呢！」他自然不相信，以爲又鬧怠工，憤怒和憎恨使他紅了燃燒的臉。

「我說十生的，還說的太多。」應得標絕叫起來，用眼白望着排長。「弟兄們沒一個不流汗，並不是不流汗，衣服全打濕。路硬，鐵的。那裏是不努力。排長你去看，那一個身上還有乾衣服？這個衣服一件一件全像河裏撈來的。」

「說得好聽吧。」

「排長！誰不流汗誰就是漢奸，排長你可以不要客氣槍斃他！誰來欺騙你排長。」應得標做着手式，賭咒的聲氣和臉色，到這地步排長還懷疑，他祇有做出一種無可奈何的樣子，歎口氣。

「唔，」他縐了眉頭踱起來。「但是剛才連長又說過，」他怨恨地想起來，連長龔義那一張一下兇暴一下含笑的蝗蟲一樣的臉。他說：「今天夜裏非做好不行，命令……我也頭痛！」他把一隻手按在額頭上。「可是有什麼辦法呢，除掉要大家多努力做一點？」

應得標諒解了，他看了排長軟弱的樣子就聲音低了。「命令自然應該服從，這個這個做不到也實在沒有辦法呀。」雖然他口中這樣說，手已經摸起靠在桌腿上的圓鍬來，預備再去做工了。

「那末，我們去看看」。梅墨法黑着臉。

到了永和實業公司前面，那裏是那樣一條黑色道路，舖裝用煤屑沙，似乎還拌了水泥，多少年給載重汽車壓得一眼看就知道那是相當結實的。弟兄們底衣服果然全濕的，貼在皮肉上映出肉紅來。一個穿白襯衣的身上全是灰土和汗水染成的灰黑；一臉黑斑，黑汗一條一條儘往下淌，眉毛上凝了大汗珠，張着口。十字鎬一着地，口中一聲沉重的喘息，地上一朵火花。兩個完全脫去上衣，背上的汗陽裏特別發亮，其中一個彎了腰用右脚竭力踏着大圓鍬底邊緣，另一個相反是水在斜『左前』的姿勢，圓鍬刃部一下去一樣還沒有踏入地裏兩公分。一個名叫黃成章的。出名的懶鬼背靠在一家人家底門上，閉眼張口地疲勞得狼狽樣子。

梅墨法他接過一個人手中的大十字鎬來，要自己試一試。他那樣一口氣掘着，才掘了這麼二十幾下，他底心突突地跳得發聲了，他底臉尤其是兩耳發紅了，喘息粗魯起來，揮動着的兩枝手臂震得酸漲，手掌磨擦得辣辣地好痛，背上臉上全出了熱汗。但是他自己底成績，雖然賣力，一樣可憐，不到十公分深，才飯碗大一個小洞，除土比桌子上的積灰不會更多。他又憤怒了，把手裏的工作器具重重地擲在地上，兩拳又在腰上。

「這樣子！一星期也沒有希望！」

「排長」！一個臉尖長的兵一面抹額角和頰上的汗，一面直起腰來，放下了手中的工作：「怎麽辦呢，可不可以請排長再去報告連長一下？」

「報告他？報告會有用？」他發了牢騷。「上面祇知道一張嘴巴一個命令——下了命令他就盡了責任了。誰還來管你？」

他忽然這樣想，這樣的抗戰他是眞不應該參加的。但是他口中却又吐出洪壯的大聲，說了這樣的話：「弟兄們！大家努力幹吧。多說什麽廢話呢。我屢次對你們說，這工是給自己做的，是給國家做的啊！大家再多流一點汗，我們大家來！來！」他又從一個休息的人手中取了一件工作器具。頭痛：這時情眞是要命的

弟兄們應和起來：

「幹哪！」

「幹就幹哪！」

「幹個屁！」其中一個兵這樣恨恨地說，但是他手中的十字鎬已經高舉在頭上。「打過去就是，要防禦戰車壕要工事個屁！」

「釘釘突突！」一陣工作器具聲，一陣灰土從地面颳了起來，把一羣人底動作籠罩着變成朧朦的影子，一朵一朵更紅的火花。

可是這情形並不持久。開始是挨近他的一等兵陳中元，一面挖土一面向他訴苦：

「排長！這圓鍬這樣使不得勁！挖鬆土一個立射散兵坑也都挖成了……排長！爲什麼老是做工不打呢？……排長！你看，這土，喏喏，這樣硬、硬……」

有一條汗水，流入梅墨法底口中，鹼的，他吐掉汗，答道：「怎樣這就是打呀。」他心中空虛，口頭强辭奪理。

「這算不得打的，排長！我說——這個算受洋罪！」

另一個兵插入說道：「我倒不怕做工。老老實實說要做，那個敢不做？說『明天休息，』『明天休息，』當官的，爲什麼老是欺騙人？不公開？」汗水一滴一滴從頭上滴下去，落在土地上，一分錢大地一點黑的，一滴又一滴……

「唉！」他長歎了。「倒不是他們要欺騙人，他們沒有腦筋」。他停止挖掘，有一滴汗水落入眼中。辛澀得不好受，那麼眨了眨眼。「這情形，排長最難做，又是個官，又得給弟兄們說話。」

「就是氣人！」一個細長的兵士吐一口口水在右手掌裏，兩個手掌相搓一下，拿起剛放下的大十字鎬底柄子來。「昨天做，今天做，白天做，晚黑做——就是明天再有十個防禦戰車壕我也不怕——哼唷！——」又在手掌上吐一口口水。「就是說話不作算，當官的說話就是命令，說要殺頭就要殺頭，說休息休息，說了不給休息，把當兵的把弟兄們當牛，當機器——機器也要加加油。」大十字鎬不斷地打在地上，跳出不斷的灰和火。

「那末，就算給我排長做的吧。弟兄們，排長再請大家打個牙祭。」梅墨法想不出辦法，又憤怒，又焦急，又覺得太苦了弟兄，又怕弟兄們做『牧羊工』，用最軟弱的聲音說了這樣的話，完全不像一個威武的指揮官了。

「來啊！」一些雜亂的歡呼。

「我說，」七班班長中士蔣光錫一面做工一面扭過頸子來望着梅墨法說道：「排長！光是你打氣，有什麼用呢。」他有一種可憐梅墨法的意思，但是他底表情，那微翹的唇和一瞟的眼，却是多少帶點怨意的。

他還沒有回答，那細長的一等兵夏廣裕搶着說道：「不是排長，昨天晚黑我就不做，做的是雞孫！你相信吧。」

「並不是要肉吃。」踏了一下圓鍬。「要做的時候沒肉吃也做……」又踏了一下圓鍬。「不痛快——肉吃了……」又踏了一下圓鍬。「也沒味。不是『抗日』『抗日』」又踏了一下圓鍬，並且用槓桿撬大石頭那樣撬了一下。「排長！你也留不住我……」又踏了一下圓鍬，又接連撬了四下，圓鍬嵌進土去不過三、四公分。「誰願意再受洋罪？」又踏了兩下圓鍬。

「排長！」蔣光錫又叫他：「你這樣做個屌排長幹什麼。什麼事情不好做，像你有學問……」

「不要說這種話。」他連忙制止蔣光錫，手中的圓鍬拄在地上，內心湧起羞愧的不安，雖然他底班長底話並不是諷刺。「我當這個排長也當不像。我旁的做什麼？——『抗日』『抗日』，平日希望這一天，到了『抗日』輪到了頭上，却又想旁的？說人家？自己多流一點汗，就天翻地覆了不得？——我倒眞不配做排長，尤其是一個抗日的排長；但是我有什麼屌辦法，中國人就祇有我這樣的軍官。我倒眞担憂。我早已想過了……」他一面說話，一面挖着土，現在，他把再踏不進土去的圓鍬，拿住了牠底柄子，左右搖動着。

「排長！唉！這天下那一個不渾蛋，在抗日的時候還特別渾蛋，譬如，到今天連長又要扣什麼米錢，我們不是說吃的『官米』麽？」

「所以眞恨！」把工作器具重重地在地面上拍打一下。

「恨麽？」他也憤恨，有的時候他還打算站在弟兄們底利益上轟連長。但是這是要壞大局的，在前線上，因此，他反慌忙地捉住這個機會、用政治手段移轉弟兄們底視線。「要恨我們先得恨日本帝國主義！」他又停止工作。「沒有牠，他們沒法要我們做牛做馬的。他們配！所以我們第一先來抗日！——抗完了再算賬……來！努力吧！再努力些吧，來啊！」

「可是排長！無論如何這個這個這工今天這個一定做不成！」好久不說話了的應得標又焦急起來，灰色的臉又塗上了幾層灰黑的汗水。

「我知道。」

「怎麽辦呢，這個……」

「大家盡力做就是。到明天天亮，我排長負責。」

「那營長又要殺排長底頭了！」

「殺也由他。祇要大家眞正流了汗，我有什麼話好說。我已經親眼看見大家這樣流了汗——」

「哈哈嚇哈！」段清生笑得聲音遼闊。

一個連部傳介兵跑了來，立正。

「報告排長！連長說的，每排到後方團部去領三百麵包。」

「你看我在做工呢。」他愕然了。

「營長底電話。」

「又是『後方團部，』」他又生了氣，咕嚕起來。「一來一去十里路！——好！各班……」

他到這個時候，才注意到做工的人數上來，他以爲可以有三十個人的，現在却祇有二十多個。他又大怒了，搔搔頭皮，汗水成爲細粒，落在肩上鼻上。他威稜地望了大家一眼。從褲袋中抽出一方白手帕來，沒頭沒臉擦着，手帕立刻汚黑了。

「怎麼！七班祇有這幾個！」

「是的……」

「怎樣！兩個哨兵以外還有什麼？」

「何凱打擺子，楊金山出羊毛疔，杜得明帶班，三個；還，還有那個新兵給連長去修掩蔽部了……」

他氣得發跳揮了揮手，大聲說道：「這怎麼行！十三個人剩七個！人這樣少，工作器具不夠用，還要派勤務派勤務！好！每班去三個人——拿不動想法挑。七班班長你帶你們去。去！去！去！天曉得！」有一句話在肚裏沒有說出來：「這排長我幹不了！」

這樣，祇剩下來十多個人，仍舊「釘突鐺突」仍舊是火花和灰土。

天一下就灰色了，祇有西方的一角天空是明亮的銀綠色的。忽然，有了發動機聲，他連忙抬起頭來，一看，那是一小隊敵機，黑色，剪影一樣，那麼投下一個紅色信號彈來，燦爛得像春日窗前陳設的珊瑚，接着又是一個。

「完全掩蔽！」

他發了口令。弟兄們全躲進街道兩側的房屋裏去不得不中止做工。

又是一個綠信號彈，又是一個白的，又是一個紅的……這一小隊敵機由西飛來，飛過頭上去了。但是後面又來了一小隊，又是一小隊，又是紅、綠信號彈……遠處，還有急降投彈的飛機底吼叫和沉悶的爆炸聲。

「這工要什麼時候才做得成呢！」

一分鐘在他就像一年，甚至比一年更值得寶貴。他原來沒有一天不發怒，不憂愁，到這樣的時候更特別憤怒和憂鬱。這強迫停工，使他冒險在白天趕做這麼一點工的企圖都受了打擊，他恨極了，他用要冒火的眼直望着那些黑色的飛行魔鬼。

吃了飯，他們繼續做工。時間已經近八點鐘，天上沒有一粒星，夜色是純黑的。敵人砲兵忽然射擊起來，砲彈在頭上嘶叫着急速地飛過。落在後面什麽地方，聽來並不遠，炸了，一砲又一砲，四十幾炮：

「轟！——」

「轟！轟！轟！——轟！——」

「轟鏜！——」

在濃黑的夜景裏，火花更紅藍得美麗，像從地裏迸出一朵奇蹟的牽牛花。

半夜，他們還是在努力。

人那麽沉默着，幽靈一樣，像忘了世界上有語言存在，或者一下全喪失了言語的機能，沉默得使空氣也難堪，聽見呼吸。祇有工作器具發出律動的繁響，但是土地仍舊是那麽生硬的。

在工作裏，黎明很快就到了，人擦擦兩眼，不敢馬上相信，但是黎明已經到了。

人全疲倦了，工作着像打太極拳的樣子，不是做『牧羊工』，而是軀體已經被壓搾得成爲沒有內容的東西之故，力量支付光了，一起一落的工作器具聲間息響着，零碎的火花無光彩地冒着，要消失了——地上除土不多，積土也不過五六十公分高。

梅墨法跑去又跑來，傳令兵跑來又跑去，從半夜交涉起，結果，連部命令來了，說團部方面的交涉已經辦好，明天派工兵來爆破。——天色是也早已到了不能夠再做工了的，那麼新鮮的一大片明亮了。

梅墨法，他才坐在牀邊上，打了一個長長的舒適的呵欠，兩腮微酸，在脫着第一隻皮鞋，一陣急迫的脚步聲，一下連部底傳令兵鑽進門來，鞠躬，把一張字條遞給他。是連長底命令：

「……各排徵集粗二十生的長四米達以上之圓木三百根……限本日午後七時以前繳送團部……」

他脫下半隻皮鞋來就停止了。他一接到命令心就一抖，接着，又重重地咬了一口牙齒。他想：什麽地方有木材呢？——鋸電桿，那末，一排祇有一把招鋸適用。每根電桿假使可以截三段，一百根就得鋸三至四公里的路。又是白天……

他喃喃地罵起來，手在桌子上拍了兩下。「我又不是……變戲法的；眞變戲法也得先預備好東西……」他歎了一大聲長氣。「唉！……」接着苦着臉想道：「弟兄們就眞是牛，也得想到戰鬥力……」他仍舊把半隻皮鞋穿上了，一面向連部底傳令兵點點頭，一面高叫他自己底傳令兵，用暴君底聲音：

「胡春樵！去傳各班……」

民生路附近一部份工事是這樣造成的。

不，閘北底工事是這樣造成的。

命令沒有下來以前　人咒詛防禦態勢像咒詛仇人，期待攻擊像期待柳陰裏的幽會；到命令一下來，人心也就去掉蓋子的一瓶汽水一樣寧靜了。起一陣泡沫以後。命令是不可違抗的，倔强有什麼用，也不可改變，失望徒然毀了自己。雖然不是明文的防禦命令，左一個命令要和陣地共存亡，放棄一寸土地的處死刑，右一命令要加强工事，那也就夠了。

這樣，做工又做工，閘北建築起了一道新的長城——嚴密得連出聲的路都不留一條。

夜夜的汽車聲，不久，第一線後面就出現了托齊卡；並且一天一天繁殖着，到後來每一條道路上都有幾個，一層一層，縱深直發展到蒙古路，四行倉庫，假使道路是棋盤底線條，那托齊卡就是棋子了。

這樣，第五百二十三圖正面上是平靜了。不，整個閘北是平靜了。

兵士聚在一起賭錢吵架。或者吃飽了飯穿着『老百姓』衣服睡三五個鐘頭覺，周圍浪費地燃點着從永和實業公司拿來的嫦娥牌蚊香七八盤弄得一間房屋全是繚繞的烟，外面砲聲再響也不醒，震動的房屋正好做夢裏的搖籃。

這樣，敵人大量地消耗牠底軍火，一天到晚的飛機，一天三、四次砲擊……這樣我們一天死一個人，一天傷三、四個人，犧牲眞是最少，也支持戰局得最長久。

祇有廢歷中秋的月夜，第五百二十四閣正面上第五百二十八閣有一次企圖奪回來東寶興路上的印度教堂的前進陣地的攻擊，七分鐘裏我們發射一千多砲，犧牲一營多人。左翼江灣也不寂寞。

祇有我們底空軍常常給敵人夜襲，差不多每夜都可以看見愛看武俠小說的人認爲牠是『劍光』的探照燈光，美麗的紅色曳光彈魚吹水泡一樣一串串浮上幽黑的天空。

七十六、七天以後，有閘北底撤退，有「八百壯士。」

一九三八，八，二〇．衡山郘古樓

我寫「閘北打了起來」

第一、八•一三我是看牠怎樣起來的。自然，我有足夠的理由來寫牠，也有這個義務。粗線條是不會錯誤的。但是，因爲是在記憶中摸索，小小的移動是難免的：那也不會有什麽妨害。和畫一樣，顏色或者美麗了些，取景也有一定的角度，於寫生上這樣反更活。「眞」就在這裏。要「眞」，並且是要痛癢相關的「眞」，有別於一些隔靴搔癢的近似值的「眞」，就得由我這樣的人來寫。

第二，在南昌聖類思醫院遇到唐讀勝，在長沙遇到段清生、寶凋，此外還有顧雲龍和鄧忠。他們都是我那一連底人，有的還屬於我這一排，他們都是負了傷的。從他們底口中，我才知道，經過閘北、青暘港、雨花臺諸役，和我一起上火線的一連人，活着的也沒有受什麼傷的，還在原部隊裏，還在抗戰裏，僅僅有七個人了。那七個人是：上等兵劉慶恆、郭少玉、薛蘭雲，一等兵胡春樵、鍾敍犖、王永昌、孫才仁。劉慶恆是經過兩次飢，寒的草地在義勇軍中混過的遼寧人，他和郭少玉現在已經升爲排長了。胡春樵名爲我底傳令兵，實在是我底勤務兵，現在已經升爲中士班長。鍾敍犖原來是個火伕，也是我這排底，祇有他受過一點輕傷。孫才仁是著名的「傻屌」。所想着的，倒還是那些陣亡的，受傷的和逃亡的，雖然我也記念這七個人。

我這一排裏，陣亡的有：上等兵楊錫雲，他是在我下來第二天陣亡的，和一枝捷克式轉機關槍一起，給敵人底平射砲打作兩段。一等兵陳欽山，他本來是一個小老闆，却跑出來當了兵，也死在敵人底平射砲下。一等兵梅小龍，頸子上中了一槍。下士彭大義，年青，剛強，和另一年青而機警的人一等兵彭輝，二等兵孫希文，在吃早餐的時候給敵人底投下的炸彈炸得血、肉橫飛。上等兵楊金山，是眼力最壞的人。上等兵韋克有，他到南京，已經升爲班長，肚子上給人打了一槍。一等兵張鳳祥，工作力最强，灌滿了土的廠包他能夠捐一個，他原來是個碼頭伕。上士班長段其祥，他第一次受傷下去，回來以後代理排長，又給打死了。一等兵王鴻鈞生死不明。

受傷的有：一等兵唐讀勝，上等兵段清生，一等兵何凱，上等兵于仁義和彭有富，一等兵夏廣裕、鍾敍峯，中士代理班長蔣光錫，他是給自己所投出去的手榴彈炸傷的，二等兵張萬盛。

逃亡的——唉！寫到這裏我祇有歎氣。假使指揮部所決定的戰術能夠高明一點，假使還是在前線，假使連長龔義與代理連長的第一排排長孫廣山能夠不先後捲款潛逃，我相信他們是決不會開小差的，尤其是在火線上開小差。譬如一等兵陳中元，我們向閘北進軍的時候他才從醫院回來，軟脚病還狠狽得走不得路，以後也一樣。但是我記得，有一次挑奮勇隊，第一個報名的就是他。我很奇怪，問他：「你不是有病嗎？」他底答覆使我不得不寫下他底名字來，雖然我不應該讓一個有病的人去做責任最大、危險最大的事，他那樣回答我：「我有病，我才想找一個機會報答國家，報答排長。假使命大，達到了任務，我心也可以安了。否過，人總要死的，不如在這樣的時候死。」這樣的人，也開小差，我簡直怕相信！自然，逃亡並不一定是退却，或許是到更多積極性更富刺激性的地方去，那也很難說。但是我怎麽能夠相信呢？怎麽能夠不難過呢？陳中元也開小差麽？上等兵杜得明也是很好的兵。一等兵尹樹民更特別勇敢，每次冒險的事我都要他去做，他如孩子愛吃糖果一樣愛做這一類事；有一次，向敵人搜索，距離敵人不過是那麽一條橫濱河寬，一個日本兵看見他，跑回去報告，他却立在河邊高聲大笑，並不想到敵人可以射擊他。中士何勝榮是我最得力的一個班長，胆也並不小，我下來以後他就代理排長了。二等兵關士邦自然胆小，但是我在前線的七十日中，沒有看見他有什麽太不成樣子的地方，我下了命令，他還是照樣做的。一等兵熊趆華，能幹，有知識，抗戰底意義他比一般人明白，他也是一個不應該走的人。二等兵陳炳泉是從後方的部隊開了，小差到閘北來的，從湖南一直走到上海，爲了到第一線來抗日。此外，還有上等兵陳九弟，一等兵賀見喜、謝子青、黃成章，還有一個姓張的，名字我忘掉了。

並且，看起來，還是逃亡的最多呢。

我在閘北的時候，連逃亡的影子也嗅不出來。這裏，我還得特別提出來，就是，閘北在某一觀點上說，自然是最平靜的一線。可是飛機、大砲底糜爛，至少不會比別的地方好什麽，在這些飛機、大砲下，我們平靜地活動着，生活着，如酒後的人躺在沙發中一樣，他們並沒有發抖，離發抖很遠很遠。

爲了紀念陣亡的弟兄，爲了紀念受傷的同志，爲了把逃亡者底影子也描畫一些下來，我寫這個。

第三，自己能夠參加一期抗戰，眞是最大的幸福；並且，我從這裏向日本帝國主義發出去的子彈，是我底第一粒子彈，我在閘北所流的血，是第一滴染紅祖國土地的血；而且我在閘北的七十日，從二十六年八月十二日到十月二十三日，可以說是從八一三開始的，在這裏，有我底喜悅，也有我底憤怒，爲了爲自己留個紀念，我寫這個。

第四，我現在雖然是在後方，我還想着前線。在後方，在這麼等於休養的時間，假使不寫，如我們這些死亡上的人，眞不知道還有什麼寫出的時候。

第五，牙齒的事醫院方面全不管，彷彿打落了牙齒祇有和血往肚子裏吞的樣子，沒奈何。杭州一丟，我沒有了家，上海、南京一失，我找不到朋友，因此，貴族的牙科醫生要我自己一個人去交涉了。餉呢，一月份以來我全沒領到，我也不打算求乞了。自然我不能夠沒有牙齒，不但要吃飯，並且還打算到前面去咬吃硬麵包之類。而我僅有一技長，寫文章，那我就祇有盼望稿費之類了。

並且，於望遙遠的西北，我得準備一些路上吃用的，像一個要離開古廟到聖地去朝拜的和尙。

這裏，我還要附帶的幾句話。看起來，我底筆下有許多不滿。自然，對於抗戰我是祇有滿意的。我底不滿，雖然，看起來那也正是息成抗戰的東西吧。我得說明。重復也不妨。我滿意抗戰，滿意到無條件到崇拜地步；假使我連抗戰底因素也不滿處，那我是爲了抗戰才不滿的，我熱望抗戰，求其完全；反嚴格了。道，我希望抗戰過程會揚棄牠，會有一朵色、香並絕的花。

說起我們底隊伍，可歎的地方眞多。前前後後，我什麼都不担憂，我祇擔憂弟兄們軍紀。原來，這還是「雇傭軍隊，」至少脫不了「雇傭軍隊」底遺風習俗的軍隊。政治工作一點也沒有，「等因奉此」算不了政治工作的。但是，我還得指出，這樣的軍隊，這沒有政治工作的軍隊，却在閘北整整打了七十三天，這完全是外部影響的結果，小部分才是「等因奉此」也起了這樣好的意外的作用。

關於戰術，我始終認定是一個最大的遺憾。並且，從這裏，更可以看出來一準備論」者底幻想終於原封不動永遠是幻想；揭竿而起底勝利是從倉猝中得到的。

我要說得「眞」；說得完全，我才指出不很美麗的東西來——從這裏也可以看出來抗戰是生長在艱難、複雜中的。但是我底目的，是在引起反省，不祗是抱怨。

我爲什麽寫鬧北打了起來呢？——

一九三八，四，二九。衡山，師古橋。

海燕書店新書

地下（新地文學叢書一）	程造之	二元七角
偉大的教養（新地文學叢書二）	任何	一元五角
荒漠中的城（長篇小說）	綏拉菲摩維支 金人譯	二元五角
新時代的曙光（中篇小說）	淑雪兼珂作 斯嘶譯	八角
列寧是我們的太陽（詩集）	瑪耶可夫斯基等 之分譯	八角
前夜（中國的悲劇叢書）	巴人	九角
0404號機（七月文叢）	陶雄	六角五分
向太陽（七月詩叢）	艾青	二角五分

蘇聯各民族短篇小說集 1

有錢的「同志」

定價一元

什之譯

蘇聯的小說，在中國被介紹的，已經有了不少。蘇聯團結着九十多種不同的民族，這些民族的小說，被介紹到中國來的，幾乎少到沒有。在蘇聯的民族政策正獲得無比的勝利，一切曾經被壓迫過的少數民族都復興着而發揚着自已固有文化的時候，介紹蘇聯各民族的文學創作，該是非常值得的一件事情。在這第一個集子裏，先介紹了烏克蘭，韃靼，亞美尼亞，猶太等幾種民族的十幾篇小說，作者都是各該民族的傑出作家，譯文完全是由俄文轉譯過來。第二、三……集裏將陸續介紹蘇聯其他各民族的作品，使中國讀者能見到向來沒有接觸過的許多解放了的被壓迫民族的可歌可泣的鬥爭史、凱旋歌和新生活的讚曲。

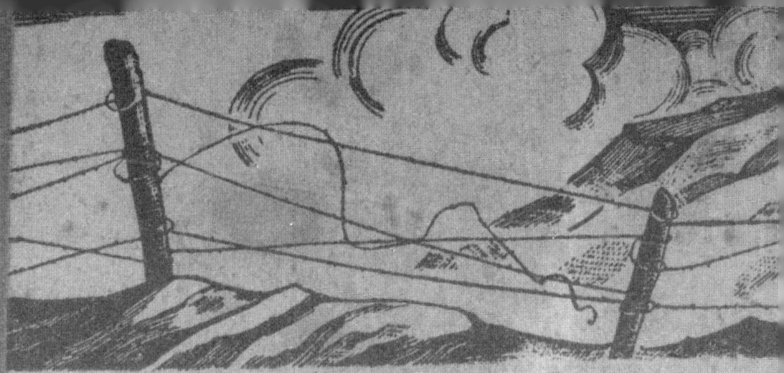

淞滬火線上

"抗戰中的中國"叢刊

長江主編

丁玲 胡蘭畦等著

"抗戰中的中國"叢刊之二

淞滬火綫上

胡蘭畦等著

生活書店
中華民國二十七年二月

"抗戰中的中國"叢刊之二

淞滬火綫上

每冊實價國幣叁角
外埠酌加寄費

著者　胡蘭畦等

主編者　長江

發行者　生活書店　漢口　上海　廣州　重慶　西安　長沙　梧州　成都

中華民國二十七年二月初版

目次

2

鐵與血的鬥爭

——第七連機關槍連連長蔡以中——

我懷了一腔更燃燒，更沸騰的熱情重來到離別已經五年多的上海。五年前，在廟行與敵兵白刃戰時所受的創痕，還深留在我的左腿，五年來，我們民族所受的恥辱與欺凌，加添了我們無限的憤怒，同時給了我們無限的鼓勵。

傍午，我們下了車，在出發到上海的附郊一個小鎮去的道上，我們遠遠望見「一二八」的遺跡，那斷垣，那殘壁；我們還看見了兩路管理局新建的大廈岸然矗立在雲霄。一陣溫煦的海風撲着我們每個弟兄的黝黑的臉

2

，我彷彿在風中聽到一種聲音，那聲音該是帶着歡喜又帶着疑懼的歡迎的呼聲吧？我不禁在心裏響了囘音：「別警懼吧！你們這次雖也許還要經歷過一次磨難，然而請你們放心，因爲我們每個人都帶這一顆比鋼鐵還要堅强的决心一定把日本帝國主義永遠逐出上海！」

× × × × × ×

弟兄們雖都在埋怨時間走得太慢，因爲，在夜神一到來，敵人，定會到我們陣地來挑釁的，到那時候，幾十年來鬱積在胸口的憤怒與苦悶是得到一個盡情發洩的機會了。

可是，夜到來了，我們望着那半鈎殘月徐徐升起，九時，十時…………一時，二時過去了，我們又望着那半鈎殘月在徐徐西落，弟兄們都顯得異常焦急。雖然敵兵的陣地，我們看得很清楚，可是我們始終服從着「人不犯我，我不犯人」的命令的，弟兄們都在低低地咕嚕着：「東洋兵不敢作聲了吧？」

到三時多，保安隊一排在寶山路附近巡邏着，我們的隊伍即時離保安隊相隔二三百米，一小隊日本兵從他們的沙袋後面跳了出來，攔住了保安隊的去路，一個日本的隊長操着不純熟的中國國語問：

「你們中國軍隊幹麼？是不是想包圍我們日本軍隊，是不是想攻擊我們？」

「中國軍隊從來不想攻擊別國軍隊的，中國軍隊只是爲保衛自己國家的領土而守衛着。你們不是沒有理由的要保安隊撤退上海嗎？這已經是辦不到了，因爲保安隊所駐守的是咱們中國的領土！」這是一隊保安隊隊長的問答。

3

4

他們露出非常不愉快的臉色走進了他們的沙袋後面去，就在保安隊開始走不上幾步路的時候，他們就向保安隊射擊了。

我們弟兄一聽到槍聲，立刻衝上去，向他們回擊，可是，我們的槍聲一響，他們的槍聲却就停止了。

× × × × × × ×

傍晚，我們在江灣路附近。

我們奉命進攻八字橋，可是靑雲橋給敵兵在事先炸斷了，我們只能繞路走。

敵人在每個路口嚴密地佈置着，機關槍、坦克車，這一切向着我們行進的隊伍掃射。

我們開始找到了敵方機關槍的所在地，輕輕地和了三個弟兄，帶了一架機關槍，伏在草地上慢慢爬過去，到離開敵方約六十米的地方，我們就開始向着敵方的機關槍陣地掃射過去。

不一會，他們的機關槍響了兩下，就不作聲了，我那時的快活眞是怎麼也形容不出來，我幾乎興奮得跳了起來，後面的弟兄這時也緊緊地衝了上來，雖然後來在敵兵的另一陣地裏依舊發出了密密的槍彈，雖然在我們身邊爆發了密密的炮彈，可是憑了弟兄們一聲怒吼，我們終於衝上了八字橋！

5

6

英勇的鐵鳥

次霄

花邊白影中的閑情

一束剪秋羅在迎我的面，每當我不甚覺到疲倦的時候，這瓶放在我牀邊的美麗的花，便映到我眼上來。我也暫時感到疲乏了，於是這束花便成爲我安慰的對象。

我像做了一個甜蜜的夢，昨日在深不可測的高空活動，今日却落在這離地面不過一尺來高的牀上。要是不曾想起創傷的時候，我不覺失笑了。此刻，我的周圍完全是白色的；除藥物以外，從覆在我身體上的被褥，到天花板，給我一眼是純潔的印象，這種環境會使人發生高雅的感覺，又清靜得使人寂寞；所謂和平，似乎就在這里，我們想要呼吸到和平的空氣，也祇有這里的事實可以形容和平這種理想。

學園時代的風趣濃

可是我是活動慣了的人，對于這種靜止的白色反而不安起來。雖然，天空中也是白色的，但那是流動的，奇異的透明底雲層。顯然地和我目前的情狀，意味是兩樣的。每當我的機身穿過那卷積雲的時候，分有次序的濃淡底雲層，像在剝果皮似的，被我的勇氣退在遼遠的後面，這樣，我便感到一種神祕的愉快。我之所以歡喜駕駛飛機，也就因爲由於我這種性情和幻想養成功的，不妨說，正是這種關係，而決定了我現在的身分。

我的學習航空從開始到如今，年代該是和航空教育同樣長短的，這就是說，中國一有航空學校，便有了我這個學徒。但我自踏出校門後，生活

7

並沒有多大變化，不過駕駛飛機比較讀講義的機會多了，到這期間，我可以把大部份時間放在駕駛上面，除自由地稍涉及理論外，給我却學了不少的花樣——各種特別的飛行技術運動，如基本的：Atail Spin Zoom, Side Sllp Nose dive等運動，我可以隨自己的趣味，換調的飛行。雖然，偶有時候，機上附加了各種武器，作爲作戰的姿勢出現，但這只能算爲一種難得的練習，而絕沒有機會，使我有增多作戰的經驗。不過，我總希望能有這種時機的來到，每當時局緊張的日子，我就非常興奮的，我往往暗下去撫摩我常用的那隻飛機的駛盤，默祝它立刻昇騰起來，表現抑鬱在我胸口那種憤懣後面的能力。可是我的志願像傳染了寒熱病似的，隨着時局在昇退；想從實地作戰上得些經驗，以爲學校教育不足的補助，結果仍是失望，還是一個飛行家質地的，騰雲駕霧的遊歷者；也許在地面上看見我

8

們的朋友，羨慕我有一表仙氣的逍遙，其實這正是我的苦悶！

時機到來之前一夜

終竟給我期待到了，這是兩週前的一個清朗的早晨，我將要作第二回騰空的時候，我的左足正跨到踏板上，出乎意料的接到本隊傳告的準備出戰底密令。在這一忽間，我感動得眼邊滴出淚水來了，有如困龍越出了泥沼，我像是已經昇飛了，而不知道身體離開了機身。這時，該不祇我一個人有這樣興奮，我敢承認，凡是我的伙伴都有這樣情形。

我是屬於最老的一隊，因爲歷史的關係，所以被伙伴們稱爲阿米巴隊。但並非全隊是資格老的，却是，在「一分隊」這三個單位中有一個是新的伙伴。但在系統上我們要算第×隊了。應該這些沒有多大關係，至少在作戰能力方面，根本我們從未實際地「機對機」的搭擋過，卽是我們長官，也不便定出誰强誰弱的成見來。

于是在這回戰爭發動的時候，首先便被派到我們這阿米巴隊上來了。這好像一種傳統的成規，卽是，不可免的表示當「以老爲先」的厚意。自然，我們對於這種厚意是一致歡受的，那怕是自不量力，不幸的事穩定會落頭上的，這都因了甘心的慫恿，似乎無暇顧及了。

10

領空上的處女戰爭

在我們起飛的時候，錶針正指十點三十五分，當我在扳發動機之前，仰首看見頂上一片飛快的積層雲走過，轉眼我的同隊的一個結實底伙伴先我昇騰了，不覺起了競賽的心理，我深深地吸了一口氣，似很能清醒人，想是機底的那些豐潤的草原的隱味；不過我稍旋動手裏的駛盤，那在遙望中的無邊底綠野便失在我老遠的背後了。

我所用的機，是一架陸上偵察機，此次我出使的任務是偵察敵方兵艦分布的地位，平時，聞說日本軍在這方面的射擊力是很可忌慮的，爲防衛萬一起見，也便帶了一顆輕炸彈。我想，卽是不過到被射擊的場合，我亦當留給他們一個禮物，無疑的這種觀念是不正確的，除非敵人疏忽了。事實上決不會；果然給我的好意所蒙蔽了，當我的機身距水面還不到七百尺的時候，就像急不過來似的由艦裏對我這邊射出八九發强烈的鋼炮。雖然這是我初囘的際遇，但我心裏並不慌張，不過比較機警一點，而仍然在黃浦江上飛行。那知道泊在江中敵方的艦，全都響應起來，立刻把靜靜的江面弄得烏煙瘴氣，可是我還不就走，在目的未瞭然以前，偏要降低些，近一隻艦頂僅有五六尺，等不到他們開砲，我已經轉了方向，則來一個倒衝，再掠過一隻可以看明敵人鼻目的巡洋艦，然後我才高速的攢昇。可惜那

11

兩隻經我訪問的戰艦所發出兩尊回敬我的砲，却意外的落空了，反而，在匆忙中給我投下一顆輕炸彈。當時不知道投中沒有，我已經昇到一千尺以上的天空了，這是幾百年來被屈辱的中國第一次底吼聲！我脫去那炸彈的一刻，我就覺到這是我自出母胎以來，從未有過的快感，當彈落機身減輕之際，似乎就是我的責任也減輕了許多。

這樣以後，機身便似受了我暢快的心境的感應，於是在萬重的雲間飄逸起來，非常得意。在我穿着濃雲的時候，就像小孩子和家貓戲嬉，常作急轉灣，回避它，或作翻內圈的動作，給它一個逗笑的包圍。當我從高空投向機場的一段歷程中，突然感到一陣寒流經我的身邊，同時機身微感不安。待我進休息室的時候，從窗內看出，天空泛起了無數黑的雨雲來，而且那可親的蔚藍的天色也便被掩蝕了。

在我還未進完午餐，就接得緊急命令，我卽半席離去，我趕忙穿好航行服，登上那架給我們預備好的單發機的轟炸機，早有兩人進去。我們各別的行了一次注目禮，接着一個隱然的微笑，當我們赴戰之前，這樣，確可以團結我們的心。

這回，我們熱絡得多，同行的共有一大隊九架機，內中除和我們同樣性質的七架機，此外一架是雙發機轟炸機，一架是高速度轟炸機。我們夾雜起來，三架一列的有程序的成爲三排，我這一架的位次正在第三列第二排中，當騰空一千五百尺的時候，我們還是結隊而飛。待到將要降落之際，首先那架高速度轟炸機離隊了，接着我背後的一架和左邊的一架又離隊；當在我們橫過距防衞司令25K.M.的地帶，我們便受指揮的命令分散開了。當我們這架機折向東去的一刻，則可以隱約的聽到轟炸的聲音，想必這就是先我們到的高速度轟炸機的成績。自第一次轟炸響了以後的，卻便連續接下去，這時全隊在動員了，我們在偶然間會到那架雙發機轟炸機，這回可響啦，想是投下三百公斤TNT的地雷炸彈，其爆力真是震天動地。

我們這一架就趁這個機會接連投了兩顆彈下去，該是，敵艦對這突來的襲擊確起惶恐，亂發高射砲，不知技術不高明，還是因過分慌張總打不中我們。有一彈本來可以擊中我們的踏棒的，那就完了，可是並沒有，却穿翼柱間過去，這不過是我們側滑一下的關係，竟給我們脫了險境。

轟炸和射擊交錯的猛鬬之中，我們又向一隻近泊岸邊的巨型兵艦投彈，這就是今天必須以强頑的鬥力解決了敵方的司令艦——出雲號。我們預備擊中它的要害，便低低地滑飛下去，再向它投落一彈，同時則用機關槍

14

掃射。可是結果，我們的機身負了傷，機翼被破壞了一部份，正在我們抽身脫險的時候，由激浪中瞥見我們另一架機受了重傷，幾乎要跌落江裏，但勇敢的伙伴還掙扎着，畢竟突破了重圍，我們這兩架同患難的單發動機相偕的飛出市區以外。

這民族解放底肥料

出乎我們意料之外的，正在我避開一支襲來的空氣的大壓力，預備側滾的一刹間，忽傳來一聲沉着的呻吟；當下，我還以爲是機翼漏發出來的顫音，那知道原來是我們的伙伴，因受重創過度，臨終的慘語！可惜我沒有留意到，只見他的血染滿了一身，大概是給兇暴的砲全部炸裂了。我覺察他的胸口還在跳動，爲了存心救回這個垂死的伙伴，同時想可能的保持他的體溫，便向低飛行，放足已不能再放回的四百五十匹馬力。雖然這時

15

我的左手也被擊傷，感到痛楚和困難，但還勉强支持，每在我用力挨那駛盤的時候，血便沿着腕臂流。要是比起那重傷的伙伴，我這點却不算什麽了。我囑咐另一個伙伴留意他，他很傷心的告訴我，說連衣服都掩不住他淌着的血。我回頭看他的血像突泉似的在噴流，再受機身的振動，血已經濕透了他的座位，且直向大地上滴。這是我們貧弱的民族的肥料啊！他在等候他的血流完，現在面色已是慘白，眼眶也深陷了進去，可是他的眼睛却很鎮定的，不時，還對我們浮出超然的笑，這是偉大的戰士底精神。

「朋友請忍耐，祇有三分鐘，你就可以進醫院了。」

我想不出更好的話，因一時間的感情湧上喉邊，便這樣安慰他。

「不要緊，你們顧自己的事。」

說完，他便把創傷最大的頭部埋向衣袖間。似有意遮避這引人着目的

16

地方，不讓我們分心他。

於是我的眼邊潤濕了，正在艱苦的民族戰展開的時候，如果半途中失去我們這樣有力的戰鬥員，這損失實在太大了。我感到視覺遲鈍起來，現在前面是一團模糊。

「轟」！

又是敵人發來的高射砲，幸我發生急智，逃避了幾響，祇見黑煙蒙着機的邊緣。加以天陰，風又大，我們好像在黑暗中探摸。當我想到背後這可憐的伙伴時，我便勉强忘却自己那破的手，咬緊牙齒，鼓起殘餘的潛力，找我們的歸宿地；閃粲我神彩的目光有如餓鷹在搜索食物的光景，向無限的，飄渺的空間，衝，衝，衝，衝出我們恐怖的死境。

正是要受傷了以後

17

18

傍晚時分，我想調節筋力，向棗色的小屋後方，沿着機場邊緣散步，足踩在柔軟的草上，精神很覺舒適。那我受創的手，已經過一次藥水的消洗，且紮好了繃帶，固然不免感到痛，但我沒有報告上峯，借此機會休息。我更要振作起來，我身上的血不能白流的，即使是一滴血，也不該背着敵人流。我邊走邊感興奮，雖是血滲到繃布外面。殘陽的餘輝從草雜的雲片後面漏下來，映到遠方的山崗，這樣的美景，對於一個勞倦後的人，確是非常安慰的。大概走了一百五十米突遠，將要轉彎，卻遙見西角有個人在招我，立刻我變了快步，向那被風飄動的白色底信號奔去。

我還未踏進辦公室，知道又要出發了。隊長眼睛似乎在注意我那受傷的手，卻躊躇了一會，說：

「不便？那就不必出去。」

但我已會意到，我便掩飾去這「不必」的理由，故意伸出那隻受傷的手，而且近他的面，張開不自然的手掌，活動給他看，證實我毫未失却作戰的能力。

「這不過彈片擦破一點兒皮層，沒有關係。」

我說；表示願去出力。得隊長命令後我方知道我們一架機被敵方包圍襲擊，正在萬急中，於是，我便逕向停在東南角的那架單座戰鬥機奔去，這時勤務已加上了油，我打開機門，一躍而上，運用非常的高上升力飛行，在狂風中，邁進，直達八千尺高度，然後再向目的地插落，一剎眼，這幅强頑的鬥爭場面，便呈現在我機前不遠的地方，見二架敵機，在追逐我們這架機，正是迫不得已間。但我並不茫然上去救護，則據我途中決定的戰略，操向它側方飛行，想在他們注意力集中於我們那一架機上的時候，

19

出其不測而痛擊之。於是我以神速的運行，來一次翻外圈。

一段傳奇似的插話

正在這其間想是子彈已完，陡然的我們那一架機淩空升上，這是出於敵機意料的以外的，當然，敵機不肯放鬆它的，那二架敵機便同時而且同速率的斜升上去，恰好在我們那機出頭不遠的底下，敵機便作爲畫一個九十度三角尖向記點描去似的，連同我們那架機互撞了。立刻遭受很大的損壞，都飄搖的跌下去。誰知道，我們那位智勇的伙伴，早已乘飛行傘安全的降到地面，以一架已不能脫險的機，陪葬兩架敵機和兩個飛行員，究竟是上算的。這是空戰的奇觀，要不是側身於戰圍中，決計看不到的。這種非常的戰術，是我們絕好的經驗中的教育；可惜到此刻我還沒有調查出是我們那個伙伴。

20

一場好詭秘的格鬥

話得說回來，看了這場惡戰已結束當我起折回的念頭，不料遇到一架自己的機，默測它似很倉忙，待不到我們接近，不知幾時來了一架敵機，盤旋於我們頂上，有似監視我們的行動。我們不約的立刻遠離，我一急轉彎，預備佔它的上風。說時慢，那時快，他已經發動了機關槍，當然我不肯相讓，就用側衝，同時扳了聯動器（Gear）立卽子彈由螺旋槳旋扶圈間發出，也許我的雄心使我佔了攻勢。那知它佯逃，或對我什麼不利，我向四周警惕着。果然它向我投來一顆燒夷彈，幸我未追上去，得免機身燃燒●在我退一著後，我便緊隨着它，眼睛注視照準器（Sight）發出的子彈和我的行動一致的，結果迫得敵機走頭無路。在我偶一側眼間，望見我那戰友在和另外一架敵機抵抗，兩相戰力均等。再自西北角，悄然地，飛來了兩架敵機，不一刻，却一在我左側上方，一在我後邊下方，高高低低，一共有五架飛機會合着。既到了這情形，我便暫時放棄那被我追逐的敵機，轉向與新來的兩架週旋，因爲飛行不久的關係，顯然看出它們的强烈的活動。雖然現在已被敵機重重包圍，但我要生存，决定施出我未有的戰鬥術；萬一有什麽意外，我也得予對方一個大的損失。

於是，我便展開僅有的慧力，心地很沉着而且很機敏的，突向阻擊我最力的兩架敵機間側滚出來，乘便就將正和我伙伴在鬥逐的那架給逃跑的敵機，一次迫近的掃射；恐怕它的鬥力不强，已是疲倦，祇經我們一夾攻，就負創傷逸去了。但還有兩架，怎麽也不輕鬆我，合力對我射擊，一時便陷於混戰狀態中。約經過五分鐘的惡鬥，我的那個唯一的伙伴，因受重創飛走了。現在祇剩下我一個，在應戰兩架頗强悍的敵機。已到這樣，我惟有信賴自己堅定的意志，和非常的毅力來對付險境。

生命寄在Bead sight上

我忍着一身創傷的痛楚，目光注射那準星，卽Beadsight，或是那被風狂吹着的風標，以爲剎時分減痛楚的對象。或上或下的敵機，彈子像是暴雨似的向我打來，我以自衞起見，用盡我行駛的技能來迴避它們的轟襲。我感覺到全身已經潮濕，血腥味被寒流冲散開來。我欲暫脫這險境，我便佯作跌落；低了它們一格，向下連續的「旋飛」。但我的體力已不允許我這樣做。不到七八轉的旋飛，便不能再支持了，從高空直跌下來，我的意識也糢糊了，至於無線電信，似已隔斷失去它的性能。一切都完了！我忽發生這一轉念，「民族還未解放，責任上却不容我犧牲的」怎麼腦筋像被毒針刺激一樣，立卽渾身的血液沸騰起來，還在不知不覺間，機身卻已

23

攢昇。其實這時機身距離黃浦江面，只有三米了，稍一差池就可以完結這架飛機和我的生命。

在暴風雨的高空，展開了我們一場毒辣的格鬥，到黃昏時候，我才結束這一天的活動。據說，我駕駛的飛機，幾時降落到機場上，不單我自己無從知道，連留在機場的人都未注意。待到發覺，還以爲我是一具屍體。

感謝當在威力圈外

意想不到的，這具屍體，此刻又已復活了；藉各方面的助力，要想感謝賜我的美意，惟有希望我的體力能早日的復原，再上戰線去！最低限度，要先把敵人絕跡，自由飛行我們領空的二百餘公里底威力圈以外。

我一刻也不會忘了我的職能和宿仇；這里還有一方窗子，既可以看到高朗的天景，又可以看到敵機的行動；由此，使我對它們更深的認識，而

24

更加的渺視！

當我擱筆前，該感謝這隻負傷的手，歷七八小時爲我記錄這段回憶，使留下我生活中最寶貴的一頁。再是，那縷縷的花香，由它減除我病境中無限的寂寥。

25

軍中三日記

胡蘭畦

傷風老是不好，從婦女慰勞自衛抗戰將士會出來，跑去看醫生，誰知醫生早已回到四川去了。找別的醫生的鐘點又不適當，回到慰勞會也不好，因爲再過半點鐘我要應程遠先生之約，到她辦的第十四救護醫院去給傷兵播音，想去想來，還是回家去等半個鐘頭好了。回去時，金先生告訴我說，有個楊幸之打電話來過，他住在新惠中旅館，請我回來時就打電話給他。我眞想不出這樣一個名字的朋友，我想一定是在北平被日本人扣去的楊一之回來了，我馬上就告訴劉思慕說楊一之回來了，他拿起電話就打，誰知楊先生已經出街去了，我又問金先生他電話上說些什麼！

26

「他從前綫回來的，明天就要去，他說十年前是胡小姐的熟朋友。」

「前線回來的？十年前的熟朋友？姓楊？」我想：「難道還是我十年前受訓時的那位莊嚴慈和的楊區隊長？」我老早聽說他是已經死了，難道還活着。我雖然想不出他的名字，但是總不會叫迅之。好奇心驅遣着我又給新惠中旅館打一次電話，請楊先生回來時打電話給我。

我去看了病回來，果然電話來了，這聲音熟極了，還不等我問，他就急忙地說：「我是××呀！」

「呵，是你！天曉得，鬧了半天，——之，幸之總沒弄清爽，咳！你在那裏呀？」我說：「你在那裏呢？我來看你，好不好？」

「你幾時有空？我來看你好了。」他說：「我現在飯館吃飯，如果你有空，我吃完飯就來。」

「我本來要去看一個朋友，現在不去好了，請你吃好飯就來！」

一個瘦得只有一張皮，面色蒼白的青年的影子，活潑潑地在我的腦筋裏出現了。我記得九年前在南昌遇了事，我們都非常倉忙，我到他的家中，連他的妻子都沒有看見，我們就分手了。事情很簡單，因爲他幫助一個落難的朋友，受了很大的牽連，影響到幾個朋友的去留。雖然是發生了這樣的事，但是沒有人抱怨過他，因爲這些朋友都很瞭解他是一個富有革命熱情的青年，他純是爲了幫助落難的朋友。想到這件事，我又想起在南昌的一班朋友，計算起來，已經死了很多，而久不通消息的××忽然而來，眞是高興得說不出來，我從金先生的電話室走到思慕的房間又從思慕房間又走到金先生的電話室，我口中就是唸着：「他從前線回來，明天就要去」而我的腦筋中老是縈系着一個文弱的書生。

28

吃了晚飯，我在家裏等他。門鈴一響，我就自已去開，果然接着了，兩個穿軍裝的，一個穿長衫的，恰恰這個穿長衫的並不是××而是申報館的陳賡雅先生，而我所想像的文弱書生，現在已經成了一個彪形大漢，穿着軍裝，簡直是個偉大的軍官。我失聲地叫了：

「呵！要是在路上，我簡直就不認得你啊，偉大偉大！」

「誰也認不得我了，從前就瘦，一胖起來就胖得不可收拾。越用體力就越胖，想減輕一磅也不可能，眞是討厭得很！」

「偉大得很，不要灰心，再加幾磅直像銀行家，我們都可以向你要錢用了。」

彼此經過了許多苦難的十年舊友，話匣子打開了，從過去的朋友，過去的工作，說到現在的朋友，現在的工作，說到他的愛妻，他的小孩……

像開了河流一樣滔滔不絕，一直說到十點半鐘，快到戒嚴的時間，他們才去。我把他們送出門外，直看見他高大的背影轉出了弄堂，我又回想起十年前共同工作的一班純潔的青年和舊友。

我和楊幸之去看何先生，他是代表×將軍去給何先生致謝的，因爲何先生送了前線將士很多慰勞品，所以他們前線回來的人，多半都要去看她老人家。在談話之後，何先生叫我去慰勞×將軍，我就決心和幸之一道去。

這天下午我已準備好了，幸之來電話說要明天才走，就在這天下午第×軍的溫處長又來接我們到第×軍去。何先生又來電話要我去，因爲我間好了次日可以回來，我就決定先去第×軍。但是溫處長領着我在上海市內兜了兩圈風之後，他說車子出了毛病，我們並不曾出上海市，就各自回了家。這就算是慰勞了第×軍。

第二天下午，我去到新惠中旅館，幸之高興地接着我，他說：「萬事俱備，只等車來！」但是，常常都是爲了車的緣故，延誤時間。幸之急得不得開交，他說：「眞正糟糕！」

「急有什麽辦法？」

「再走不成，我要急死了。」他說：「你看，天黑了怎樣走呀！眞的，我要自殺了！」

天，眞是不客氣地黑了，而且還下起雨來。正說着，申報館的陳先生來了，他看見車還沒來，他一定要請我們吃晚飯，正因爲車沒有來，我們誰也不願離開此地，怕給車子錯落了又來着急。陳先生又慇懃得很，終歸還是叫了麵來，正在吃的時候，下面的喇叭按得咕咕直叫，幸之臉上的肌肉一下就放鬆了，眉頭也展開了，接連地說：「來了，來了！」於是我們都準備着走。

起身時，兩部車一齊走，但是車夫娘子又害了病，得先囘去安頓一下，好在只停了兩分鐘就向前走。這時我忽然看見後面的一輛車，是用繩子綁在我們的車上在開駛，我大吃一驚。「爲什麼這車是掛着走？」我說：「這怎麼可以呀？」我曾經吃過車子在半路上拋了錨的苦頭，所以盡力的提出警告來。幸之不但不告訴我，而且做出非常神秘的樣子，他說：「這兒有個秘密。而且是不能宣佈的秘密。」眞是奇怪，我就想不出來，陳先生看着我想不出來的神情，於是他說：「請的領港。」我終於是在這四個字的中間，似乎是領會了他的意思，但是也不敢說是靠得住，究竟是什麼一囘事。

車子出了租界停在中國地方上，那兒早停有一輛新式車在等我們。幸之叫我調到那部新車上去，雨淋淋漓漓地越下越大了，陳君在大雨中與我們握手告別，而我們的車子也解了繩索，和陳君的車子分了家，現在自由地隨在我們坐的新車後面開駛前進。這時幸之才告訴了我，陳君當領港的秘密，我也笑了。

雨下得滴滴達達地從車篷上流下水來，風捲着雨水從縫口灑到我們的臉上。沿途都有撐着雨傘的哨兵跑到我們的車前來檢查通過證書，我們的車就在嚴密盤查之下向前開走。

我們的車大約開了三個多鐘頭，到了一個地方有很多車馬密密地停在那兒，這時我才懂得「戎馬倥偬」四個字的神氣。我們的車從這密察的車馬隊裏衝到一個較空的位置，這時眞是黑得看不見人。幸之他叫車子停下來先就跳下去，在黑暗中，我只聽着他高聲地在說：「蘭畦來了。」我想難道莊君在此？我正留心聽他的下文的時候，一個沈重的湖南腔口音，已經傳到我的耳朵裏來！「在那裏呀？」我曉得是毛夢獻，因爲幸之已經告訴過我，他在軍中，我剛剛打開車門看的時候，一個黑影子正從對面大卡車上跳下來，這就是我們十年不見的青年文學家毛夢獻，又是一個文弱的書生，在軍中服務幾年了。他過去那種堅苦的精神，還深深地印在我的腦海裏。一到車前他就拿手電筒往車內直射，從電光中，我看他還是和從前一樣清瘦，火一般的眼光，好像要和電光比賽一樣接連地閃灼，他的口裏連連地說：「你强壯多了，比從前身體好多了。」說着，他已經鑽進車來，幸之這時也囘到車內來了，他又對幸之說：「蘭畦比以前壯多了。」他惟恐傍人把話鋒搶去一樣，連忙又對我說：「你的生活，我們都曉得，讀到

34

你的在德國女牢中那書，我對幸之說就活是你的樣子，一點也沒有變啊！」他又慇懃地問我在德國的情形，出獄後的生活，接着他又說：「你來眞是好極了，我們到此已經是一個多月了，從沒有人來看過我們，只有一個朋友來過，你是第二個；但是，我的運道不好，又要到後方去慰勞傷兵。」我們三人就黑越越在汽車內談話，其實，話幾乎被毛夢獻一個人爭去說了，因爲他在極度高興的情況下，他的話活像放連珠砲一樣，達達達達不斷地說，傍人都插不進嘴去。他從去後方慰勞傷兵，說到審訊漢奸，打漢奸的板子，打了板子，他還不招供，又使勁地打。吸鴉片的人，要使勁打，就說出來了，以至於在×部他有兩隻鷄要請我吃了鷄才去的話通通要在這短時間，都把它一齊說完。

車到××，從糢糢糊糊之中，我看出這市鎮偉大的輪廓。夢獻告訴我

35

說，×長在這裏開會，×××也在，今天高級軍官已經開了一整日的會議了。

幸之從車窗口上又急忙地在和人說話，我們的車子，好像走踏步一樣地走着，慢慢地向前開駛。出了鎭口，又才風馳電疾地往前走。到了××，毛夢獻才坐着原車回去。原來他是專爲送我而來。這時我和幸之就在黑夜裏踏着極淋滑的路程摸索着向前走。

我們滑到×部的時候，已是深夜了，×長還沒回來。副官處長已經給預備了一間有架子床的單房間，我看他們都是睡在木板上或者土地上，而我要獨自佔一間單房，眞是抱歉得很！終於還是存着男女有別的觀念，我就一人住在那間單房，而且睡的架子床。

因爲昨夜有相當的疲乏，一覺睡到大天光，還被士兵吃飯的聲音鬧醒來。洗好了臉，吃了早餐，就去謁見×軍長。×軍長的軀幹不高，棕色的皮膚被太陽晒得透出紅潤的顏色，他有一種沉着厚重的儀態。當我看見他的時候，他早已讀過了何先生送給他的詩和書信了。所以他與我握手之後就是致謝何先生和慰勞會的各位女同志，我也代表何先生對他表示了敬意。幸之又特別對×長介紹我在楊行劉行救傷的經過。

「啊，那時正是我們的部隊在那裏。」

「是的，大家都不知道，」我說：「我救的是第×師，第××師。」

「這正是進步的證明。」他說着現出很高興的樣子：「世界上的人，都以爲中國人是沒有組織的，一切都落後，尤其是日本人，他們總以爲中國的軍隊這樣不行，那樣不行，什麼都不行，那曉得一接觸之後，他才知道碰到對手啦，器械是新的，戰術也是新的，特別是士兵的英勇，完全出乎他們的意外。這次的戰爭，完全粉碎了日本人的野心，今天他們才曉得中國人不是他們所想像那樣地怯懦。就思想上說，中國軍人，眞比日本軍人進步得多，中國軍人都知道這是爲爭取民族的生存而戰，大家都抱定了爲爭取民族的自由而犧牲的决心；日本軍則自知理曲，每個人都存着最迷信的落後觀念，無論是俘虜的日本兵，或者打死了的日本軍官他們每個人身上都有符咒。從打死了的日本兵身上，我們搜出很多日記，大半都是很坦白地寫出他們的心情，比如他們寫着在軍旅中種種的困難，糧食、用品，以至於水都要從日本運來，他們深深感到前途的暗淡和悲觀，文字寫得非常之好，非常之動人，而且都是徵來的新兵。」說到這裏，他表現出一種嘆息的樣子，我看他一定在想孫總理常常引用來勉勵人的「天下爲公的大道之行也，天下爲公」倘若這些日本人要是走上天下爲公的大道的時候，也是可愛的人才。然而日本帝國主義者，又何曾夢想過走那「天下爲公」的「大道」呢！如果我們平心靜氣地算一算，在今日世界，除了中華民族有這樣理想的精神之外，就只有蘇聯正在那兒實行。

大家都沈默了一下之後，×軍長又繼續地說話了：「日本人總是大吹大擂，幾個鐘頭要炸燬上海，幾個鐘頭要轟平南京，到今天一樣也不成功，這次血戰的事實，不但粉碎了日本人驕橫的野心，而且還掃盡了他在國際上的威風，恰恰相反，中國人在國際上的地位，却是增高起來，而且得到世界各國的同情，特別是各國的民衆提出許多幫助中國的方法。

「從開戰至今，無論他的飛機、炸彈、唐克、大砲，海軍、陸軍、空軍一齊施展出來；已是四十幾天了，不過儘能佔去我們三十多里地方。單是羅店的戰爭，出入幾次，日軍損失的數目，並不少於我們，他的久留米師團，雄本師團，十一師團三個隊伍幾乎完全消滅，他們的補充，可就困難極了，而且補充來的新兵，又都感到前途的暗淡與悲觀，再要撑持下去，日本軍的內部，一定要起變化的，一定，一定，在中國方面，這次佈置得很好，凡是前線作戰的將官，根本不要躭心補充方面的事情，前仆後繼的工作，我們的政府，老早就準備好了。這種準備，鼓勵着將士們，都願上前線，也不怕損失實力。」

從×軍長的笑容上，我已經看出他對於這次全面抗戰的工作，有了很切實的把握了。於是我說：「何先生要我問問軍長，需要我們如何幫助你們？希望不客氣地告訴我！」

「前方不需要什麼，我希望能夠多多去對傷好再回防的將士，鼓勵他們，這比什麼都要緊。」

40

「這件工作，何先生非常注意，每天都有慰勞組組長和何先生的小姐，還有許多女同志，帶着慰勞品去各醫院歡送他們。」

「這個非常之好，此外，我希望女同志們能夠幫助我們多做些民間的聯絡工作，比如軍隊來了，使老百姓還是照常做事，不要躲起來。其次就是防止漢奸的工作，更是需要大家努力。本來過去這件工作有黨代表，或者政治部做的，現在政訓處的政訓員在這緊張的時候，眞是忙不過來。我很希望同志們能夠大家担負起這個責任來。」

我告辭出來的時候，×軍長囑幸之陪我到居民家中去訪問他們。像這樣關切人民的將官，只有在革命的隊伍中方能找得出來，我覺得革命的力量是偉大的，而且只有在革命的意義下，才可以造出眞英雄來。

幸之帶着我去了幾家住戶的家裏，他們知道了我們來意之後，就表示出很歡迎的樣子，而且不客氣地把他們的心事都告訴我們。到我們走的時候，他們都有依依不捨的狀態，特別是婦女們，她們連連地說：「先生，幾時再來呀？請常常來坐呀！」老太太又去把蘆穄桿拿出來了，她一定要送給我。「先生，帶去吃呀！先生。」這時弄得我怪難爲情，「却之不恭受之有愧」的一句古話，正是我此時的窘態。中國的老百姓，實在太可愛了，他們簡單純樸的生活，造成了他們這樣容易相與的性情，只要你對他們有一點好處，他們就永不相忘，眞有「投我木桃報以瓊瑤」的狀況。然而這也正是使我們憂慮的地方，太簡單，太誠樸，就容易受人的欺騙，我雖然是喜歡他們，而我還是特別的躭心，我惟恐他們在不知不覺中，就會受奸人的誤用。

雖然天空中的敵機軋軋地在頭上飛去飛來，砲彈轟隆隆地響着，我還是留戀着戰地民衆，又在軍部住了一夜。第二天清早起來時，幸之告訴我說捉有漢奸，他約我和他會審。我很高興地答應他了，我想天天在說漢奸，今天倒要看看漢奸的尊容。漢奸究竟是啥樣子，或者很狡猾的，或者像流氓一樣，飛揚浮燥的神情？然而，從我的腦子裏怎樣也搜索不出這樣一個典型，雖然千古百怪的中國人影，在我的腦子內擁去擁來。

吃了飯後，連長先來報告，幸之滿不在乎地一點事情都沒有樣，坐在那兒不動，我走到棹傍的凳上坐下來，一本正經地，儼然要當審判官一樣，而且神情很緊張，我的兩隻眼睛，一直看着一個軍人把那個漢奸帶進屋來。我留心一看，這個人的手給草繩子背綁着，臉皮被煙薰成了一副灰黃的顏色，很奇怪，下眼皮扯到一個地方，露出一塊紅肉，難看極了。衣服也沒鈕扣，眞是一個小流氓。但是不然，如果我們一考查他的事情，他才

43

眞會搗鬼！他是一個刻字匠，他可把地圖刻出來。這次被捕的時候，就因爲飛機來了，他不但不躱，而且還要做手勢。

44

帶漢奸的兵，把漢奸帶進屋來時，就命令他站遠點，於是他站在離我們三尺遠的地方。幸之對我說：

「問呀！」於是我鄭重地問他：

「儂叫啥個名字呀？」

「××。」

「啥地方人？」

「×××」

「做啥事體？」

「幇×××賣鴉片煙。一

「還做什麽？」

「送送信，捎捎地。」

「送什麽信？」

「給老闆送信。」

「信上說什麽？」

「不曉得。」

「老闆和東洋人有啥關係？」

「不曉得。」

「你老闆是不是調查軍隊情形報告東洋人？」

「不曉得。」

這個人狡猾極了，我簡直把他沒辦法。幸之說：「聽說毛祕書昨天審他什麽都說過的，今天又翻案。」

「你再不說，我們就要打呵。」一個參謀官這樣說。然而無論如何，他是不說的。我們都很生氣，終於幸之說打板子。雖然軍士打了他幾十板子，他還是不說，而幸之又因爲上次打錯了一個啞子，後來知道錯了，賠了幾塊錢心裏還難過。他現在很怕再弄錯了，心裏不安，於是只好叫把他帶下去，於是又帶第二個來。也不知是漢奸狡猾，我們不夠凶！或者是他們眞不是漢奸，這一次我的會審完全失敗了，一點也沒有得到結果。

這天天氣又非常陰暗，乘着沒有敵機的轟炸，我就乘車回到上海來。

46

鋼勇士

許華

二十四日中午，我們在第×師政訓處會見了鍾品芳連長和韋少卿班長，他們是剛從火線下來的，滿臉都是泥塵，身上血跡斑斑，可見他們連日衝鋒肉搏已備受辛苦了。

因爲大家是站在一條戰線上，而且又聽到大家都是講廣東話，所以一見之下，有如久別重逢的故知，親切得難以形容。我們致以慰問之後，便促膝坐下。

鍾連長卸下身上的三枝匣子槍，點起一支香煙，很爽快地和我們謾談起來。

47

我見了他身上的血跡，問他這血跡的來歷。他扯起他的血衣，笑了一笑才回答我：「這是肉搏的時候染的！」

韋班長在擦槍，他遞了一枝過來給我們看，他指着槍上的汚點說：

「你看，這槍上也有血跡！」

從這點我們可以想見當時的戰事是如何慘烈了！

後來我們請鍾連長講述他們殺敵的故事，他也很高興，他摸摸那久已不修的鬍子，仰起頭來想了半響，便開始描述他們的光榮史。

「我是十九日晚上吧？對了，是十九晚，我們開到沈家橋前線，防守第二線，那一晚沒有什麼好說，只是敵人飛機常常來轟炸我們的陣地。三十多架輪流出動，一隊去了一隊又來，幾乎是不停的。我們沒有理他。有一次很危險，一個炸彈竟丟中我們的掩閉部，上面的橫木已經炸斷，整個頂子陷了下來，幸而我急忙用兩支槍桿把它支持住，不然就被活埋了！

我們在那里住了一晚，第二天早晨第一線的友軍換下來了，我們便接了上去。當時敵人的陣地還沒有佈置好，衝了幾衝，敵人便退却了。這一役敵人死傷恐怕有一千多，滿地都是敵人的遺屍，壕溝里也堆滿着，那腥臭的氣味，眞是難聞極了，但是也沒有辦法收拾，只好把它抛到壕外就算了。」

說到這里，他好像有點感觸，停了一會，他終于傾吐出來了：

「這一場仗我覺得最有價值。從前內戰眞是無謂，現在爲國家而戰，那個不興奮？所以我們弟兄們衝鋒的時候，都是爭先恐後，認爲後死是慚愧的。」

隨後他又言歸戰史。

「我們恢復了第一線，敵人便時時到我們的陣地來摸，可是遭了硬的打擊，便退了回去。到了晚上，便展開劇烈的惡戰，先是敵人的排砲開過來，不停地差不多轟了一千多砲，同時還有十幾架飛機在頭上丟炸彈，並且給他們的大炮做目標。轟隆！轟隆！密集的轟了半天轟得天昏地裂。我們的耳朵被那瘋狂的砲聲震得昏聾，但是我們不理他。轟隆轟隆的轟了好久，砲火稍爲停了一下，馬上又集中到我們的第二線，遮斷我們的補充。好了，這個時候就要卽刻準備了，我便叫弟兄們上起刺刀來，等待敵人的步兵。敵人的機關槍吐火舌了，步兵也來摸了，可是這里遭了硬的打擊，那里遭了硬的打擊，總是沒有辦法，反而死傷不少。後來愈來愈多了，但我們不管他，只是硬打，他們也沒有辦法，于是坦克車來了，整千整百的步兵跟在後面，像潮水一樣湧過來。我們等到他的坦克車走近了，我們立刻散開來，讓它過去，專打敵人的步兵。同時用幾個弟兄去犧牲，對付坦克車，拚命衝過去，把手溜彈向它輪子一擲，就毀了。

「你們毀了他多少輛？」

我禁不住這樣問；韋班長聽了，很痛快的用一半廣東話一半湖南話回答我：

「我本人毀了一輛，其他的弟兄毀了好幾輛。」

這動聽的話，使我感激得說不出話來，我只是熱烈地緊握着他的手，表示我心里無限的敬意。中國忠勇軍人的代表，韋班長可以當之而無愧了！

接着鍾連　又說下去。

「我們和敵人肉搏幾次，敵人又敗退了，但整理增援之後，敵人又來猛攻，而且拿最殘酷的手段來了！敵人開過來的大砲彈，機關槍彈，步槍彈都是開花的催淚彈，弄得弟兄們的眼睛都掙不開，眼淚涔涔落下，但是我們不管，一邊擦淚一邊打，支持下去，敵人終歸沒有辦法。這樣差不多苦戰了一夜，快要天亮的時候，敵人因爲死傷太大，終於敗退，但我們也犧牲過半了！」

突然，沉痛的靜默不知從那里襲了過來。

但一會兒，這窒人的氣氛又被鍾連長的豪語肅清了。

他慷慨地說：

「爲了爭取國家的生存，我們縱使更大的犧牲也是光榮的！……

後來我們打得更苦，一連打了幾天，連飯也送不到，水也沒有喝——因爲恐怕漢奸放毒。後來戰事愈來愈激烈，至昨天敵人傾巢來攻，我們團長也親身帶了弟兄們去衝鋒。後來團長帶花了，營長帶花了，一團人也沒有好幾個了，但是我們還是要打，始終不退。直至入夜，只剩下我們八個人了，但是敵人愈攻愈烈，轟隆轟隆的打得天翻地覆，當時情勢實在不能守了，但是我一想；如果丟空了這個陣地，將來恢復的時候不知要犧牲多少人，於是我們堅決不退，剩下一個人也要守。總之，死在這里就是！我們三支機關槍密集地掃射，消滅了不少敵人，但他始終沒有衝過我們的陣地。我們這樣艱苦地支撑着，一直撑了大半夜。後來上官有命令來叫退，讓友軍接防，我們才退了下來。我本來不想退，死在那里就是，不過上面的命令不能違抗，沒有辦法，但是我們八個人能夠支持大半夜，也算盡了我們的任務了！」

鍾連長與奮地說完了這種悲壯的光榮，他噓了一口氣，他隨手拿起身邊那頂有網子罩着的鋼盔來，指着那凹進去的地方給我們看。

「你們看看，這里中了一槍，如果沒有這頂帽子，我的腦袋早就開花了！」他摸摸他的頭，不禁有點感慨，他又噓了一口氣。「唉！我們打了十幾年仗，從沒有見過這樣猛烈的砲火喲，但是幾次衝鋒，始終沒有受到損害　現在自己思想，也好像是一個鋼人了！」

我們靜聽了這段悲劇慘烈的傳奇，而對着這兩位傳奇里的主角，打不死的鋼人，情緒漸漸地由興奮而激昂，以至於感動得幾乎流出眼淚來了。我們火線上有這樣神勇的戰士，有這樣威武的鋼人，日本鬼子要想滅亡我們整個中國，那簡直是夢想！

隨後，鍾連長又把敵人的戰術說給我們聽，他說：

「敵人來攻的時候，先用一班人來，然後一排，一連，一營，一團的跟在後面，愈來愈多。在未開始攻擊以前，他們總是，一班一班的來摸，這里受了硬的打擊，他們便到那里去，那里受了硬的打擊，他們便到別處去，總是找我們的弱點來攻。攻得得手的時候，便一排，一連，一營的衝過來。如果仍然受了硬的打擊，他便拿出慘酷的手段來放毒瓦斯了，但是我們不要理他，只是硬打，他終於沒有辦法的。至於我們進攻敵人的時候，要看情況，不要衝得太厲害，我們有些的部隊，有時因爲火氣太猛，當敵人敗退的時候，恨不得把他趕回東京去。死追，死追，以致深入了敵人的火網，受到很大的傷亡，這是不好的。總之，我們要看情況，不要中了他的毒計，這是我幾天來苦戰所得的一點經驗……。我們能夠想法子對付他，他一定要敗的。」

這是血的經驗，是很寶貴的。

後來我們談漢奸的問題，他說，前線的漢奸也很多，我們受了漢奸的害處很不少，有一次我們弄了一條假壕，派兩個弟兄在壕里跑來跑去，誘敵人的飛機消耗它的炸彈，但是敵機不炸這條假壕，却炸到我們人多而且僞裝很好的戰壕來，這不是漢奸指示目標嗎？還有些漢奸很厲害，他們僞裝我們的士兵去打官長的。有一次我們軍長到前線督戰，遇到一個形跡可疑的士兵，問他是那一團的，噢，他突然拿出手槍來，幸而軍長的勤務兵手快打死了他。敵人要想打敗我們，眞是什麼手段都想出來了，但是這些漢奸也太可惡，甚至女人也去做漢奸。有一天我們進駐一個新的村莊，明明這里的女人都走光了，但是第二天忽然發現女人，女人出來，悠閒地坐在河邊。日本飛機來了，叫她們走，她們不走，似乎滿不在乎的說：怕什麼呢？等到日本飛機飛到她們頭上來，她們就站起來招手，指示目標炸我們的工事，我當時就把她捉起來……」

「可殺！有沒有槍斃她們？」

「後來把她們解到上面去的。」

談到這里，我們恐怕太辛勞他們的精神了，便請他們到我們的床舖去睡覺，休息一下，可是可惡的敵機不斷的在我們頭上盤旋不去，嗚嗚……的吵得他們不能入睡，終於又跑回胡處長那邊去。因爲那邊有掩閉，聲音比較小一點。

不到一刻，這兩位苦戰多日，受盡辛勞的戰士，已呼呼地沉睡起來，做他們戰場殺敵的夢去了。

寫于戰地防空壕中。

火綫上的雙十節

胡蘭畦

「中國的老百姓呀，大家一條心！」鄭蕙珍，李慧英和任秀棠三個人唱得半生不熟地在那兒練習着「保衛大上海」歌，亞芬和定寶兩個小妹妹在另一個角落裏，咭咭咕咕地編劇本，瑞英和敏玉兩個人也在自己編戲，一面在做表情，一面在想，她們兩個人要互相導演一幕「活捉東洋兵」，琦偉，秀娟也忙着在淸理宣傳品，歌聲和人聲，把一間農民的小屋弄得像辦喜事的一樣，眞是熱鬧極了。放牛的小孩子，刈草的女娃娃，都擁起來看熱鬧，門口擠了一大堆赤着脚板，雨水淋淋的鄉下人。

在百忙中，我忽然發現了煙橋給我畫的宣傳圖畫上，一張都找不出一個女人來。

「糟糕，糟糕！」我說：「勞動婦女戰地服務團印發的抗日圖畫內面，連一個婦女的影子都沒有，怪難爲情啊！」

「怎麼好呢？」亞芬比旁人都着急。於是我打個電話到市鎮上去問煙橋，在電話上，他說：「呵，呵，呵！」我說：「呵，呵，呵，怎麼可以呀，現在罰你再畫一張大的，而且要多畫女人，而且要在十一點鐘派人送來！」

「好，好好！」煙橋笑着答應我了。

果然，十一點鐘時，他派人把圖畫送來了。一張大圖，上面畫的盡是女人，好像是女兒國一樣，種田的是女人，織布的是女人，賣菜的是女人，修路的是女人，搖船的是女人，捉漢奸的是女人，連那一個被捉的漢奸也是女人，一個男人都沒有，我的小妹妹們說：「陳先生的圖畫眞是男女有別呵！」

在十二點鐘時，秦隊長已把大會的程序寫好，但是屋簷上的水，沿着芳草滴滴達達不斷地流，而從天空中就像漏了籮篩的粉子一樣，密密麻麻地直洒下來。

「這樣大的雨，還有人來開會嗎？」一定有人在這樣想。或者就是我們的小妹妹中間，也有人揑着一把汗，然而也有幾個小妹妹，並不因這連綿的雨水而減低她高興的程度，因爲她們在頭一天已經把農民們邀約好了，並且給他們說了：「風雨不改！」所以她們很有把握地以爲農民們一定要來，而且糾察隊員胡瑞英，任秀棠，柳秀娟三人已經把宣傳圖畫挾在手腕下面，穿起草鞋，戴上斗笠預先出發了。爲的是要先去佈置會場。

60

中國的人民尤其是農民，他們生成就有一種必信必忠的個性，你說風雨不改，他就風雨不改，在約定的時間中，他們就像隊伍一樣開起出來了，在遠處的田邊，在近處的屋角，有許多的農民，披着簑衣，戴着斗笠，有的還打着雨傘成羣結隊，像牽成的線子一樣都向着開會的場所前去。

「快呀，老百姓都去了，我們還在家裏！」我急急地催促她們，同時我也把褲管捲得很高，穿上草鞋，跳出屋子去了，李亞芬比我更快，她已經嗶嗶泊泊地踏着水塘塘跑得很遠了。

秦隊長的胆子似乎小一些，她還有點顧惜的樣子，她的一雙雪白的脚板套在草鞋中間一步一步地在泥垢中走，把泥漿踏得吱—吱—吱地響，我看着她笑了，但是她不曉得我笑什麼。

我們到了會場，大家就忙着把宣傳圖畫在壁頭上張貼起來，陸陸續續來的農民，都圍着來看圖畫了，我們請的×部的楊秘書也從鎮上趕來了。

在平常天下雨的時候，一定會將大會移到室內去開，而現在却是恰恰相反，天晴時，我們才要到室內開會，正因爲天落大雨，我們的農民大會倒要在露天之下舉行。這豈不是很奇怪的事嗎？如果我們用心一想，就會曉得是什麽緣故。如果還不明白的話，你們就想一想，現在的事情是反的，比如中國是素愛和平的，從沒有要損人利己地去侵害別的國家，但是硬有人要說它是落後，天天用飛機大砲來轟呀，炸呀，轟塌無數的房屋，炸死無數的人命，這叫做「親善」！反過來，像日本那樣的國家，天天用飛機轟炸中國，無論是手無寸鐵的老百姓，無論是帶了重傷的士兵，無論是鄉村裏的婦女兒童，日本人像野獸一樣。硬要害死他們，像這樣殘酷的行爲，像這樣殘酷的國家，可是硬還有人說他是進步，是文明！

會開了。到會的農民竟有百數十人，連小孩已過二百數十人的光景。全體肅立在大雨之下，秦隊長任司儀，因為在鄉下，我們沒有國旗黨旗，也沒有總理遺像，所以秦隊長宣佈唱黨歌。雖然鄉民們沒有這種修養，而我們的隊員和楊秘書等十幾個人合唱的聲音也就很夠雄壯了，歌聲很嚴肅地傳播到空中，也很嚴肅地打在每個農民的心上，在向死難的將士和先烈們以及在抗戰中死難的民衆們靜默致敬的時候，我們聽不出一絲的聲息，雖然有幾十個小孩們在這一羣當中。

主席金敏玉，她一向是很莊重的，雖然她的年紀很輕，然而担當起工作來，確是一把能手，她簡單地致了開會詞，報告了今年雙十節的意義之後，秦隊長就請×部代表楊秘書講演，楊秘書擺開八字脚站在水泥窖當中，因為他的身材很大，鄉民們很多都以為他是個大軍官，所以他說話的時候，大家都現出那種洗耳恭聽的樣子。

64

雨越下越大，風越吹越凶，幾百人站在風雨之中打着傘，戴着斗笠，靜靜地聽。楊秘書講演到我們將士悲壯犧牲的時候，有的人流下淚來了。當他講到什麼人的飛機天天在轟炸我們的時候，羣衆中就答應說：

「東洋赤佬！」

這時，羣衆中高喊着！

「打倒日本帝國主義！」

「趕走東洋赤佬！」

雨打在每個人的臉上，淋在每個人的身上，漸漸地濕透了每個人的衣服，秦隊長在給楊秘書當翻譯，把他的土話翻成蘇州話，雨點滴在她的臉上像珍珠一樣，一顆一顆地。

大衆並不因爲狂風大雨，就減低了熱情，却正因爲一大羣人站在這裏開會，正因爲這班人的歌聲，演說聲，引起更多的遠方的農民來了。他們從溪邊踏水過來，從會場的四面不斷地冒着雨過來，到的羣衆已經將近三百人了。到演說完了的時候，大家高喊打倒日本帝國主義，趕走東洋赤佬，中華民國萬歲！中華民國萬歲！因爲在雨地裏太久，我怕他們受病，所以遊藝會就移到室內去開。

居民自動地把他們的門板抬下來搭了一個小檯子。我們的隊員一齊上去全體合唱了一首「打倒東洋」，其次唱「軍民聯合歌」。唱過後，羣衆喊：「再唱！」她們又唱了一首「保衛大上海」。唱畢時羣衆的情緒高漲極了。

在熱烈的掌聲中。定寶扮着難民走到檯上來，她張慌的表情，和凄楚的叫聲，使得羣衆都緊張地望着檯上，好像那檯上立刻要發生一件什麼事情一樣。

「啊喲，怎麽了啊！一家人都給炸彈轟散了，啊喲，怎麽了啊？……」這時；亞芬也扮着難民出來，她揹着包袱直往前奔，忽然聽着這婦人的哭聲，她就來慰問她，在她們的對話中，詞句和表情都非常動人，羣衆中很多人都哭起來了，我一面緊張地看她們的表演，一面驚嘆她們的努力和天才，眞是高興極了！

散會的時候大家又再唱歌，羣衆也跟唱，而且繼續不斷地連唱幾次「打倒東洋」一歌，因爲這個歌譜很簡單，不一會羣衆都學會了，在大衆的「倒東洋」的歌聲中，我們舉行了大會閉幕式。回家的時候，小孩子們都可以沿途唱起來。歌聲和雨聲，演奏出另一副的音樂。這時秦隊長在泥濘中，已經比來時走得起勁多，羣衆的熱情，鼓勵着她忘記了泥淋道路的困難，秦隊長又有了新的進步！

67

大戰東林寺

排長胡玉政開到東林寺

胡蘭畦

68

排長胡玉政揹着他的槍，帶好了手溜彈，領着他的一排弟兄，隨着連長開到東林寺去担任守備職務。那正是九月二十六的夜裏。天上沒有月亮，四野也沒有人聲，黑越越地，他們就摸索着走，夜風帶着潮濕的寒氣，吹在他們每個人的臉上，但是他們沒有覺得，因爲他們的心思完全注意在長官命令他們去守備的東林寺去了。

東林寺本是一個廟宇，地勢很高，是我們全陣的凸出地方，那兒可以觀察敵人的陣容，也可以射擊敵人的要點，所以敵人也要爭奪這個地方，東林寺不但是地勢好，而且風景也很美麗。好像水滸傳上說的「寨子」一樣，三面都是小河圍繞着，只有前面是一片稻田，微風時時把清香的氣息吹送到人們的當前，使得在這裏的人們都覺到有一種特別的清爽。

胡排長到了那兒的時候，天也快要亮了，他們也沒有吃飯，好在一頓把飯對於他們也算不了什麼，就是幾天不吃，也滿不在乎。

寺內空空地，沒有人，也沒有東西，剩下的只有一些稻草，胡排長奉到連長的命令把衛兵，哨兵統統都佈置好，然後才把稻草鋪在地上，把槍彈當作枕頭，隨便地躺着休息，他是睜開眼睛等待着天光。

東洋兵有什麼可怕呀？

70

天已經亮了，太陽從遠處的雲裏射出光芒，原野顯得格外幽靜。忽然槍聲響了，劈劈劈，劈劈劈地響了，紅色的火花在蔚藍的天空中直向東林寺射。有一隊東洋兵在密密機槍掩護之下開過來了，他們在搜索，他們在找要點。他們的眼睛，像老鼠一樣四面偷看。

很快地，連長下着命令：

「對準開槍！我未說放，就不要打！」

大家都握着槍，散開了，靜靜地等着，東洋兵好像勝利了一樣，越來越近。連長說了一聲：「放射！」第一顆子彈已經嘶地一聲飛出去了，接連就是咻咻咻的聲音。

「退了！退了！」胡排長很神氣地叫了。

「哈哈！東洋兵眞經不得打。」上等兵劉益山帶着非常驕傲的口氣，恥笑着那一隊聽着槍聲就向後轉的東洋兵。胡排長也帶着譏笑的口氣，他說：「皇軍就是這樣，哈哈！」

「不要這樣，東洋兵的鬼計還在後頭。」連長這樣說：「現在休息一下，急速準備。」

「東洋兵有什麼可怕呀？一點胆子也沒有！」上等兵劉益山又說一句：「咱們吼一聲，他也要跑退八里路。」說着，他嘩地一聲，把他的槍搭到肩頭上，很安閑地走出廟門去了。

原來是救兵來了

眞的，二十九日的清早，天還沒有十分明亮，大隊的東洋兵又開過來。連長指揮着弟兄們拚命地抵禦，但是來勢太凶，遍田遍野只看見密密連連的東洋兵直衝着前進，胡排長看着這樣的情形，急忙回頭一看，他後面躺着的都是帶了傷的弟兄，而且直挺挺橫在地下的都是被槍打得咽了氣的屍體，他想：「難道今天還要敗在東洋兵的手下嗎？」這一下他着急了，然而有啥辦法呢？他只得不惜子彈，密密地射擊。

東洋兵逼得更近了，連長也帶了傷，胡排長這時更感到自己的孤單。然而東林寺這一所美麗的地方，這一個戰爭的重要地，怎能隨便給東洋兵佔去？他一面不停手地放槍，一面叫班長徐愛山回去求救。他想：「去了一個人，就少了一桿硬火，更減少壓迫東洋兵的一份威力。」然而爲了要增加援兵來保守這一個重要的東林寺，胡排長就願意減少一桿硬火。

重機關槍的聲音響得像連珠砲一樣，胡排長的心急得快燃燒起來，他想：「這一下完了，再加一排重機關槍，這一個陣地實在無法保守！」但是他的心一横，拚死地扳着他手上的槍。可是他的槍因為打得太多的緣故，這時打不響了。他再囘頭一看，能打仗的弟兄，只有四個人。「好吧！」他帶着憤怒的聲音說：「上好刺刀！」他們很快地上好了刺刀。「嗄！怎麼樣？東洋人沒有衝來？」胡排長很奇怪，他想想難道還是做夢嗎？他睜大眼睛一看，稻子站在田土裏被太陽晒得閃出金色的光輝，很多東洋兵帶着傷倒下去了。而且在那稻田上面翻騰。他仔細一聽，原來重機關槍的子彈是從他的陣地側面放射出來，他臉上緊板的神經，一下裏鬆弛下來，好像卸了一個千斤的重担。他笑嘻嘻地對他的四個伙伴說：「啊！原來是援兵到了！」

趙營副帶了兩連人，還有一排重機關槍到東林寺來援救胡排長他們。一陣機關槍的掃射，就把「皇軍」的隊伍打退回去，保衛了危急存亡的東林寺。胡排長接着他的時候，歡喜得流出了眼淚。趁黃昏的時候，胡排長拿了鐵鍬到廟宇傍邊挖了一個大窖，把這些殉國的英雄埋在土裏。兩連的官兵，都默默地站在窖前向他們致最誠意的敬禮。有的在為烈士們祝福，有的在對他們宣誓，他們說：「弟兄們：你們安心去吧！這個最大的仇恨，我們是要替你們報復的，我們的祖國——中華民國——是不能讓倭兒老是這樣蹂躪的啊，弟兄們！你們在天堂裏安心吧，這個大仇，我們是要報復的！只要我們有一支槍，一粒彈，一個人，我們都是要和東洋兵相拚到底……！」在衆人宣誓的時候，胡排長的眼淚像豆子一樣，一顆一顆地落在臉上，他的內心裏有一種說不出的痛苦，才三天的辰光，他的一百幾十個同伴，就犧牲得只剩他們四個人了，要不是這兩連的援兵到來，今天這個陣地就一定會被東洋兵佔去了，他的心裏，一面在痛惜他舊的同伴，一面又在感謝他新的朋友。他痛心地，愛惜地要再看看他所保衛的東林寺，然而東林寺此時已被黑暗的帳幕把它包圍了。月亮躲避着，已經很久不出來，此刻能夠瞭解胡排長的心事的，除了他的伙伴和他死去的朋友以外，還有天空中的幾顆繁星。他最大的心願，是要趕盡東洋兵。

東洋兵忙忙地掘戰壕

東洋兵兩次都吃了敗仗，他們自己覺得離了飛機大砲「皇軍」也是不行的啊。這時他們的軍官悲觀起來了，連忙推出他們的輕砲和重砲，對着東林寺轟擊，他想：「佔不到，我就轟滅它！」砲聲像打大雷一樣，砲彈一個個都打中在廟宇的牆頭，東洋兵也跟在大砲彈下面衝過來。

我們的輕機槍，射得太多，忽然打不響了，東洋兵却凶猛地衝到了牆下。趙營副一點也不着急。他好像看慣了，滿不在乎地說：

「弟兄們，上去，請他們吃手溜彈！」

這時已經到了短兵相接的時候，手溜彈猛烈地爆炸了，趙營副好像打野狗似地，自已拿起手溜彈連連向着東洋兵拋擲，一連打了十幾個，中彈的東洋兵有五十幾人倒在地下，一動也動不得。將要衝過來的反身就逃。遠處的稻田裏，東洋兵又忙忙地在築戰壕。他們要認眞地和我們對壘，戰壕築得相當的堅固，砲口就對着東林寺轟擊，每天裏他們都想衝殺過來，但是總沒有一次遂了他們的心願！每次都被中國兵打退回去。

一把掩埋死難伙伴的鐵鍬

十月二號的早晨，天剛剛亮了，靜靜的蔚藍天空，邊際上現着一條條的金色雲彩。空氣新鮮極了，它使得過於疲勞的戰士們，都能在沉睡中恢復他們的精神。這是大自然賜給勞苦的好人們的唯一的安慰。可是野獸般的日本兵，他們却正要在這個時候來殘殺。

東林寺對面的砲火又響了；開花彈一碰在牆壁上就要吃人們的血肉，可是那沉重的，不通人性的開花彈，它就偏到牆壁上來，而且還要往我們弟兄們的身上鑽去。

班長潘玉林他忙忙地扳開機關槍對準東洋兵衝過來的敢死隊掃射。二十幾個東洋兵都吃着子彈像得了軟脚病的一樣，身子一偏就倒在稻田裏面。

東洋兵的敢死隊多得像戳破了的蜂巢一樣，成羣地踏着稻子擁過來。班長潘玉林乘着他們不當心的時候，趕緊衝到廟外對準他們拋擲手溜彈。東洋兵的敢死隊像得了急痧症一樣，一排一排地倒在田裏來。

東洋兵的敢死隊衝到廟邊來的時候，已經死得只剩四個人了，這四個人被他們的中尉帶着，還是拚死地往廟內衝。

廟宇內面，廟宇外面，滿地橫陳着的都是屍骸，我們的戰士的屍骸，我們的戰士還生存着的也只有五個人員。而且胡排長已經受輕傷。

東洋軍的中尉富田義信帶領着他的四個敢死隊員，衝進廟宇來毫無人性地就踏在屍骸上走。殺人的凶焰，已經把他們的眼睛燃燒起野獸般的光芒。胡排長這時急忙扳動手上的槍槽，對準着那個東洋軍的中尉打去。可是槍機失了效能，連扳不響。一霎眼中尉富田義信持着他的戰刀對準胡排長刺來，像閃電一樣，胡排長的手上抓着那一把鐵鍬，那一把掩埋他死難伙伴們屍體的鐵鍬。再也沒有那樣快，再也沒有那樣乾脆，嘿地一聲，就把那位「皇軍」中尉送到天堂去了！

班長徐愛山在中尉的身上解下他的戰刀來，毫不容情地砍死了敵人兩個所謂敢死隊員。這時上等兵劉益山已經身上吃了兩刀，雖然他的鮮血和着他的熱淚沿着他的臉上直流，可是他沒有放鬆他手上的刺刀，是爭活命，是報大仇，是保守祖國的土地，他無情地殺盡了衝進廟裏的東洋兵！

我們身上沒有「神」

胡排長，徐愛山和劉益山三個人把敵人殺光了，他們坐在地上緩了一口氣，也顧不得自已的傷痕，先去把稻田內敵人的機關槍和步槍拖過來埋藏着，然後囘頭來在幾位「皇軍」的敢死隊身上一搜，中尉的身上，不但有軍用地圖，不但有陣地上的重要文件，而且還有一個特別的東西——一張護身符咒，上畫一尊神像——上面寫着：「保平安」

「皇軍」，不但有飛機大砲，而且還有神。只可惜那些神，並不能保衞得着殺人魔鬼的活命！我們的胡排長，他旣沒有飛機和大砲，身上也沒有帶着神，他只有一顆保衞國土，服從長官的決心，他帶着傷口上的血，殺死了敵人！他忍着痛心的淚，守住了他的陣地，奪獲了寶貴的戰利品！

（十月十六日）

戰場一角的鏖戰

胡蘭畦

上戰場去

說到戰場，這個圍着幾十萬人，血肉橫飛的地方，實在有點神鬼莫測，一般人對於它都像迷夢似地幻想着。尤其是我的十個小妹妹們，一聽到戰場兩個字，就恨不得生出兩隻翅膀，飛到那兒才好。

十四日接到幸之電話，約好到戰場上去看×師長。這個消息給我的十個小妹妹聽着了，這個說：

「我要去！」那個也說：

「我要去！」

究竟帶誰去才好呢？當那二十隻眼睛睜得亮晶晶地望着我的時候。「亞芬和敏玉去。」我說：「這並不是偏心，因爲值日是從小的派起的。」值日是守在家裏，大家都不願意，我們定了一個法規，從年紀最小的派起，她們已經當過值日，所以她們也有先上戰場的權利。這時八個人很歉然地都沒有話說。亞芬好像很得意地跳了起來，而且她說：「開心得咧！」我拿眼睛瞪了她一下，她把頭向下一縮，好像知道自己做了錯事一樣，一聲不響地溜到門前去了。

吃了早飯過後，我們的七個小妹妹照平常一樣活潑地出去工作了，爲了我要出去，只叫秦隊長妹妹留在家裏值日。不一會的工夫，幸之同中央社的王先生來約我們，我帶着亞芬和敏玉別了秦隊長就離開了我們的團部。

廣闊的天空，藍得和海一樣，一團團的白雲奔騰着正像大海中的浪花。金色的稻穗在漫無邊際的田畝中被太陽晒得發光。這種天然的色彩，簡直不是人工可以配合。

一路上我們快樂地說着，笑着。可是那軋軋的飛機很不客氣地要從我們的頭上去下幾個炸彈，我們看見着了炸彈的地方燃燒起來，而且冒着黑色的濃煙。

飛機飛到我們頭上的時候，我們馬上就分開藏躲起來。忽然我看見我們的王先生蹲在一個地方用雙手抱着他的腦殼，我禁不住大笑起來。我對他說：「最好請葉淺予先生添畫一副王先生上戰場！」

「哈哈哈哈！呵呵呵呵！」同伴們通通大笑起來。可是王先生一本正經地對我說：

「不是，因爲我怕我的眼鏡反光。」

「原來如此！」大家又笑了。

不是戰場！

沿路上好像萬事都沒有一樣，我們就專和王先生搗亂。其實王先生是很值得我們敬佩的，因爲他是一個眞正的文弱書生，他能夠有勇氣到戰場上來，而且還穿着他那一雙不便跑路的皮鞋。再囘想到那天他冒着雨踏了滿身泥汚來到我們團部的時候，對他盡責任的這點上，我是敬佩他的。

路，好像無窮盡似的，一直走得王先生面紅耳赤，大汗長流的時候，才算走到了目的地點。

「奇怪得很，爲什麼走了大半天已經到了目的地，我們都沒有聽着砲聲？」我正說的時候，馬上來了一個轟隆隆的砲響。好像是答復我一樣。

「這個是特別歡迎胡團長的禮砲。」幸之說：「因爲×師現在剛剛撤下來休息，此地離戰場還有相當的遠。」

「啊，原來是這樣！」我說時，兩個小妹妹做了一個怪像，她們想：

「上了當了！原來這不是戰場！」

看見×師長

經過了一種簡單的手續，我們拿出了我們的證明書，我們在一間陳設很簡單，壁上掛着軍用地圖，桌上擺着軍用電話，安了幾把椅子的房內，看見了×師長。我從沒有看見過這樣一個文雅的軍人。可是他就是那個富有謀略，身經百戰的大將。

在×師長那裏，我們看見了×副師長。大家介紹了之後，我將何先生送師長的救傷包親手交付給他，他反身就回到房裏去寫謝片。王先生趁着這個機會，趕緊就向×副師長開始他的探訪工作。副師長的態度非常從容，他很概括地把這次的抗戰從日兵上陸，羅店的幾進幾出退守劉行以及現在蘊藻浜大戰的情形，差不多和報紙一樣的材料告訴我們，王先生很希望他再說詳細一點，但是×副師長說：「更詳細的情形，等一會請師長講給你們聽。」從他的說話上我已經認清楚副師長是一個很精明，很謹嚴，而且尊敬長官的好軍人，在他無形的尊敬長官的舉動上，我們並看不出像孔夫子說的：「君在，踧踖如也」那樣的奴隸樣子。

我們來上上課堂

×師長從房內走出來的時候，王先生又忙着向他探訪消息。×師長微笑着拿起一根細細的，好像教鞭一樣的竹竿，他說：「好吧，我們來上上課堂。」我們幾個人跟着他走到地圖面前，眞像小學生一樣靜靜地聽先生講演。

「這是江灣。」幾隻眼睛跟着師長手上的臨時教鞭落在地圖的一個點上。竹竿巳經沿着這一個點往右上邊移動指到另一個點上。「這是吳淞。」他說：本來我們的隊伍駐在江灣，奉到命令開一團人到吳淞去打上岸的敵人。第一次一營人傷亡了三分之二。第二次團長上去恢復了陣地，把敵人打退了。當天又奉到命令，叫我們去收復羅店。那時，敵人的飛機正在滿天亂飛，炸彈正在瘋狂地拋擲。」他手上的細竹竿從右角上的吳淞往下一拉，停在江灣的點上。從江灣點指到大場，沿大場那一條馬路線指到劉行，指到羅店，他又笑了一笑，這時我忽然想起了我的地理教師。

×師長振了一下精神，「我們必須在飛機轟炸之下通過這樣長的路線。」他的竹竿又指回到原地來，他很鄭重的說：「因為這是長官的命令，我們只有服從。我們以疏散的班排，兩排，四排，稀稀疎疎地前進，沿途被飛機追擊轟炸，死了兵士二十餘人，我和參謀長到劉行的時候，一顆炸彈正爆裂在我們的車子旁邊，却沒有炸着。到達羅店，正是黃昏時節，我們立刻就以六縱隊進佔羅店。」他的目光又注意到地圖上面，而他的臨時教鞭也隨着他的眼珠移到羅店的中心點，我們大家都很緊張地聽着他的下文。

「這鎮內，那時還有一百多敵人，打到天明，就把他們肅清了，還打死了幾十個敵人，奪獲幾十支鎗和很多重要文件。佔領羅店之後，隔了一天，奉令進佔月浦，並要進攻獅子林。就將羅店交予×××師。我們剛剛佔領月浦，忽然敵人以大隊從後而又來包圍羅店，我們只得回兵迎擊。在羅店和敵人來往衝突了十幾次，大家都受了很大的損傷，第二天，我們撤後，敵人也退了。這時，我接到×××師的電話，叫我向楊行鎮攏，當時，我想到如果這條公路守不住，上海就不能保守，敵人可以沿着公路把他們的鐵甲車，唐克車一齊開過來，衝破我們的陣地。所以我當夜就把我們的隊伍配置在這個地方。」他的教鞭又指到月浦和羅店中間的一個叫新鎮的地點上。他說：「在第二天，我接到軍長的電話，他說這樣安頓，正吻合他的配置。可是在新鎮，我們和敵人有過很多次厲害的衝突。」說到這裏，×師長的臉上，顯出很愉快的顏色。我們的精神，都被這位專門家教授吸引着了。大家都像置身在戰場上一樣。×師長一停他的講演的時候，十幾隻眼睛就像小孩子希望大人給糖果一樣，惟恐他不拿出來。可是我們的專門家教授，他是不會使我們失望的。他的話繼續地下來了：

「我們奉到命令，又去包圍羅店的東南西三方面，在那兒我們一直就包圍了二十八天。」×師長把手上的臨時教鞭放下來讓我們大家坐回原位，同時他自己也走到桌子傍邊坐着，可是的話又陸續地講下去。

兩次悲壯的鬥爭

在這次戰爭中，有兩件很悲壯的事情，可以特別告訴諸位。第一件是東林寺的大戰，東林寺是靠近新鎮不遠，三面都是水，地勢很高的地方，那兒可以窺探敵人的行動，也可以射擊敵人的要點。這個地方有一連人，守」一個星期，屢遭敵人的襲擊，班長潘玉林，有一次衝出廟外，用手溜彈打死了很多敵人。又有一次，敵人先用砲擊之後，再又用敢死隊衝過來。他們的人死得只剩了五個，我們的人也死得只剩五個，而且排長胡玉政還帶了傷。敵人有個中尉帶着幾個士兵，已經衝進廟了，胡排長開槍狙擊，可是槍打不響，他當時情急智生，就抓起一把挖壕溝的鐵鍬，打開了那個中尉的腦袋。除了得到戰利品，還得到很多重要文件。」×師長的話，說得我們的眼睛都望着他的一舉一動。我們看見他臉上的肌肉，隨時都跟着他所講的故事的情景變動。說這個故事的時候，他的臉上早已是眉飛色舞了。

副師長，他一直都是帶着笑容很有精神地坐着，靜聽師長說話。

×師長又說死守×宅的故事了。他的態度表現得更是莊嚴，說到營長雷洪池悲壯地殉難的時候，我們更是肅然起敬。室內靜極了，只有×師長一個人的聲音。

「我們的×××團在本月二日的黃昏過後接守×宅，以及×宅南段的××宅陣地，主力構築××宅，××宅第二線陣地。可是×宅的地勢不好，工事也不堅，並且和敵人距得很近。當時，我們以第三營的一連佔領×宅東北陣地，第一營接×宅的右側。第二營爲預備隊，安置在××二宅之間，第一營預備隊，初初加强×宅陣地的工事。其次就築××二宅之陣地，掘陣地土的交通壕。

三日的早上三點鐘，有一百多敵人，向×宅陣地夜襲。這次我們打死幾十個敵人，奪獲步槍十幾枝擲彈筒等等。三日午前十一點鐘敵人利用煙幕彈及砲火之掩護，向我進攻，又是一次壯烈的抗戰。敵人沒有達到目的，可是一部份敵人就在這天夜裏，已經侵進了我們的外戰壕，從兩端潛進。

四日我們用手溜彈對着潛伏的敵人，猛烈地拋擲。打死了三十幾個敵人，奪獲很多有價值的戰利品。其餘的敵人，都逃竄跑了，連上留了一排兵力在外戰壕中，防備敵人接近。

四日夜裏，該營又增派一排兵力在外壕，敵人又來襲擊，我們又打死了二十幾人。這時×宅北面陣地也有敵人去攻擊，又被士兵用手溜彈打退了。可是，這中間發現有東北同胞的口音。

五日天剛亮，敵人向×宅砲擊，同時以重戰車三十幾輛，配合着七八百步兵，用廣正面而向我第三營全面衝擊。這時我們第七第九兩連的炮火失了效用，只有用手溜彈擲放，卒被敵人戰車上的機槍和砲火所壓制了。

93

第七第九兩連的全部官兵通通輾埋在戰壕中。當時雷洪池營長，左手負傷，仍堅持指揮四八兩連，拚命地和敵人的步兵作最壯烈的格殺。

敵人的戰車像崩山的一樣，向我們的陣地轟輾，雷營長第二次負傷，在亂槍之下和陣地一同犧牲了！」

大家的神經都是在極端緊張的情況下聽着，幾乎連呼吸都停着地聽着。直到他的話停了的時候，大家才深深地吐了一口氣。

「這次的戰爭，我們沒有什麼特點，就是服從長官的命令，我們能夠和敵人這樣長久鏖戰，也就是能夠服從長官的命令。」

×師長的臉上，又泛出微微的笑容，我聽了他的話，看看副師長，他臉上的表情，也是從緊張嚴肅的狀態變回到微笑了。我們的兩個小妹妹，簡直像聽小說的一樣，聽得出神了。

爲了要看大戰東林寺的材料，×師長他把我帶到參謀處去。王先生因爲要做有系統的特寫，他也去了。在去參謀處時，我們只看見參謀主任，才知道參謀長現還在病院中。

從參謀處囘到師長的房中。亞芬和敏玉正在高唱抗敵的歌曲。這些歌曲，都大受×師長和×副師長歡迎。他們在軍中從沒有聽着這種悲壯的抗敵歌，而製造這些歌曲的人們，都是爲了抗敵的戰士們製造。所以結果×師長和×副師長都說要小妹妹們去當士兵們的唱歌教師。

四川同鄉會救護隊員努力

吃晚飯的時候，說到我參加四川同鄉會救護隊，在羅店楊行的救護工作，×師長和×副師大大讚賞四川同鄉會救護隊員們眞努力，在在給了他們抗戰的鬥士許多幫助，大家帶着滿意的情緒辭別了×師長×副師長和參謀主任。他們一直把我們送出大門外面，還給我們照了一張照片。握別時，他囑咐我們常常去談。

歸途中，亞芬長長地嘆了一口氣。

「唉！大失所望！」她說：要早知不是戰壕內，「我還不願來啊。」

「難道今天聽了這多寶貴的報告，還不滿意嗎？」金敏玉說。

「今天你們把抗戰的歌曲直接唱給抗戰的將官們聽，他們都受到很大的感動，而且又要叫你們去教授那般抗敵的士兵，這也就是你們今天的工作。」我的話還沒有說完，農村中的婦女都成羣結隊地跑到莊子外面來，追着看我們，因為我們上午經過她們的村莊時，她們都知道我們是女的。所以回來的時節，我們才走到村莊，好像通了無線電約的一樣，她們大家都圍起來了。今天雖然沒有到達戰場，可是在農村婦女們的心田上，已經給她們下了一顆奇異的種子。她們曉得了，原來女人們也可以穿起軍裝到軍隊中做事。至少這天夜裏，有很多人要大談婦女從軍的故典，還有很多的少女們，青年婦女們的心也都在想，她們怎樣方能夠穿起軍衣來爲國家做事情。我指着那些婦女對亞芬敏玉說：「看吧，這也是今天的工作。我們的一把小野火！」她們都快樂地笑起來了。

（十月二十日）

前線兩晝夜

吳大琨

98

一

淞滬的抗戰一爆發，我就有着到前方去視察一下的希望，可是老沒有機會。後來，聽說是爲了防漢奸，戰區裏竟連新聞記者都不准去了，我更覺得到前方去，恐怕是完全沒有了希望。十月十二日的早晨，我正在×傷兵醫院裏工作的時候，忽然有一位××團××營的李營副，特地跑來看我。

「吳同志，我明天就要上前線去了。」

他用一雙告別的眼看着我。

「您不是左手的傷，還沒有完全好麼？」我禁不住這樣問。

「是的，可是昨天我們師部裏已經有人來過，他說前方缺乏中級幹部，同時戰事又非常激烈，所以我想，我還是應當趕快上去。反正，我的傷，也已經好了差不多有七八分了。」

聽了他的話，以及看了他的那種爲國家効命，雖死不惜的精神，我不禁對他肅然起敬。

我跟這位李營副，雖然相識不久，可是因爲他近兩星期來常到我們傷兵俱樂部裏來玩。所以大家已經非常熟識。

「那麼，我們又要分別了——我恨我自己不能跟隨了您們一起上前綫去。咱們軍人服務的工作倘能與前方也取得了聯繫，那今後幹起事情來，就要方便了。」我說。

「您要去？那容易得很！」他忽然看着我，很快地這樣說，「您要去？」他用驚異的眼光看着我。

「當然要去！」

「那您明天跟我一起走好了！」他很乾脆地說：「我跟您介紹我們的師長。我們的師長一定會很歡喜看見您這樣的青年去的。」

於是我們就談下去了。

我很興奮。我從醫院囘來後，就去與我們全國青年會軍人服務部的負責人劉良模君商議，他也很贊同我去。

「好吧，您要去，您就爽性代我們軍人服務部向前方的將士致敬一下，並且實地去作一下考察，到底前方需要什麼東西，我們可以想法。」

「好」！我一面答應着，一面心裏眞是快活得想笑出來。

於是我就去開始準備我的行裝了。

二

第二天，天一晚，我們就出發到車站去。我帶了很多新出版的抗戰畫報，以及抵抗等等的刊物。因爲聽說在前方完全看不到報紙和雜誌，所有的兵士們，他們差不多都是很迫切地需要知道一點戰事的消息。

可是當天，我們並沒有走成，因爲日本飛機，在當天曾把離蘇州不遠的鐵軌炸毀了，因此沒有車。

於是我們就只能停着。一直到第三天的午夜，當副到××處去交涉了，才來了一輛汽車，把我們從××，帶上了前線。

在這輛汽車裏除了我一人是穿了西裝的普通人之外，餘都是開向前線作戰的勇士，因此，當汽車不斷地在公路上顚簸震盪飛跑着的時候，我忍不住偷偷地去看那一個個挨近着我的弟兄的臉。

「這些都是偉大的民族解放的戰士，——現在是在一步近一步地向前線去了啊！」我心裏在想。

可是這些弟兄們自己卻好像都滿不在乎的樣子。

車經過××，××，××，然後到達了××。

人一下車，車外的夜氣，向人身直撲上來，我禁不住打了一個寒噤。整個的一個××車站現在已經差不多被炸成一片瓦礫堆了。月光照在那些破瓦斷牆上，更顯得四週景色的淒厲。

那時，已經是深夜，車站的兩旁有人搭了些草棚，在出售零碎東西，也有許多弟兄們在草棚裏團坐了烤火。四週黑影憧憧地，有好多的人不斷地在公路上來往着。

我先用目光默默地把我們的同車者送走了，然後再跟了李營副也默默地在目光下踏着瓦礫堆，沿公路向前走。

「隆！隆！」砲聲這時突然響亮起來了。

李營副回過頭來，對我看看，我不作聲。

我們在向着砲火的最響亮處走去。

三

在前方黑夜間的公路，是頂熱鬧的。有陸續開向前方去的軍隊，騾馬，軍火。也有正從前方開下來的汽車，人馬；更多的是在前方已經掛了彩，這時要乘黑夜走向後方傷兵醫院去的弟兄們●

我這時才發現，我好像是完全置身在另一世界裏了，前面是不斷的槍聲，砲聲，四週是來往不斷緊張地走着的士兵，軍隊。

「唉，同志們，做做好事啊！」

一聲淒愴的呼聲，提起了我的注意。看時，原來是一個已經被打斷了腿的弟兄正在地上用手爬着，要走向後方去。泥、血塗滿了他的一身。他顯然是在向四週過往的人乞憐。

「怎麼？」我不禁驚呆住了。

「在這裏前方，就是太缺少了担架夫。弟兄們受了傷，有些師部裏，自己有担架連的，還好，倘沒有的話，那就簡直只好自己走向後方去。打壞了手的還可以，倘是打壞腿的，像這樣，那就太慘了。」李營副跟我解釋着，我的心裏感到一陣痛。

四

走了二十多里崎嶇不平的泥路荒地。又不知問了多少次訊，這樣，我們才到達了××師的師部。

哨兵，進去傳訊，過了好久才出來。

「師長到最前線督戰去了，恐怕要明天才回來。請您們先到參謀處去坐一會吧！」

於是我們就被領到了參謀處去。

黑黑的房子，顯然裏面的人已經都睡了。可是進去一看時，才知道並不然。

參謀長，人是已經躺在床上，可正忙着打電話。

「怎麼？敵人又用毒瓦斯了麼？…是嘔吐性的？好。」

我憑藉着參謀長床前的一枝燭光，可以隱約地看見參謀長當時緊張的臉。

105

電話打完，參謀長的目光才放到我們兩人的身上來，李營副上去致敬禮，又跟我介紹了。

「啊，難得，難得！您們後方的民衆竟這樣熱心，勇敢，請坐。」參謀長這樣對我說着，又把目光放到李營副的身上去。

「怎麽？您的傷已經完全好了麽？」

「還沒有。不過，我在醫院裏聽得師部的人來說，前方缺少中級幹部，所以我就上來了。」

「好！」參謀長正想說下去，電話又來了。就打斷了話頭。

我利用這機會，就向四週看了一看，這是一間很破爛的舊房子，仔細嗅時，還可以嗅到地上霉爛的氣息。

「前方，這幾天正緊張，敵人的中央突破計劃，因爲不成功，又在用毒瓦斯了，我們傷亡了很不少，您們那一團——」參謀長說到這裏時對李營副看了看，「已經差不多完了，不過敵人的犧牲，恐怕比我們還重。」

「差不多完了，」這五個字在我的腦海裏震了一震。看李營副時，他還是那麼很恭敬地站着。不過，我從他的目光中，我知道他這時心理的狀態。

又過了一會。李營副就向參謀長說明他還得回團部去。

「這位先生也跟去麼？」

參謀長問。

「是的，」我說。

於是我們就向他告別了出來。

五

從師部參謀處出來，表上的時針正指着午夜四時。我的心比先前更緊張了起來，因爲我知道，我現在眞在走向最前線了！

經過一條小河浜。

我們道路的四週，都是稻田，與棉花田。稻田裏的稻子已經都熟了，結着滿滿的穗子。

在月光下照着這許多景色，倘不是頭頂上有呼呼的砲彈聲，與四週「閣閣閣」的機關槍聲，是決計不會想到我們是在前方的。

後來，我們就到了團部。哨兵進去傳訊，手續跟在師部裏時一樣。

見了團長，我因爲剛才在師部已經聽到敵人用毒瓦斯以及該團傷亡頗重的消息，所以就急着問團長的詳細戰況。

「啊！說起來眞令人又傷心又興奮！」那團長說：「我們一團人是大

前天來接防的。當時共有弟兄一千三百餘名。打了四晝夜，因爲敵人不斷的用飛機，大砲猛攻，傷亡得就很厲害，已經只剩八九十人了，而且武器也都不行了，昨天一天，弟兄們在壕溝裏就已經差不多完全只靠擲手溜彈將衝過來的敵人擊斃。八九十人，一天共用了兩千多手溜彈。敵人因爲攻不過，所以最後就終於改用毒瓦斯，我們不及防備，這僅存的八九十人也就因此犧牲了。可是，」團長換了一口氣說：「我們的陣地始終沒有動。而且最令人興奮的，就是當敵人又衝過來的時候，我們有四位僅存的弟兄還依舊不退，用手溜彈將衝過來的敵人炸倒，自己又衝出壕溝去將敵人的輕機關槍四架奪了過來。再就將這四架槍倒過頭來打敵人。——」

「啊！」我這聽的人不覺爲這壯烈而又英勇的故事所震動了。

「我們這一次的弟兄可眞是太好了！他們每一個人都勇往直前的。和敵人死拼，想想這許多好弟兄都已經犧牲去，眞有些傷心。」那團長說到這裏時，臉上表現出很痛苦的樣子。

他已經四晝夜沒有睡。因爲親到壕溝裏去指揮，那時敵人所散放的毒瓦斯還沒有完全散，中了一些極輕微的毒，有些在感到頭痛。

因爲時間的過遲，那天我就與李營副一起在團部的稻草堆上過了一夜。

六

第二天一早，團長因爲知道我歡喜到陣地上去看看。就命一位團副陪了我一起上陣地去。

我們先走進了交通壕，然後就逐步地走近火綫了。

在壕溝裏伏着的弟兄們，都禁不住用驚異的眼光向我看着，他們想不到有這樣一個後方來的人眞會跑進火線。

我將帶去的抗戰畫報等散發給他們。他們就站在自己的崗位上，看將起來。顯然地，他們對這些畫報都感到了很大的興趣。

「您看，您看，這是我們將他們打下來的飛機，」一個士兵指了一張圖給另外一個士兵看。那個士兵感到了滿足。

是的，在前方，差不多大家頂恨的就是敵人的飛機。它們晚上不出來，只要天一亮就嗡嗡地到我們的陣地頂上來亂飛亂轟，要飛一整天。

「您看，這是敵人的繫留氣球。」

團副用了一架望遠鏡，讓我看。我向敵人陣地看去時，果然看到一個氣球在敵人陣地上浮着。

「在這氣球上面，有着敵人的瞭望台。他們的望遠鏡很好，差不多我們陣地上的一動一靜，他們白天都可以看出來。看出來後，他們就指揮大砲飛機來轟炸。」

「我們沒有辦法將他們的氣球打下來嗎？」我說。

「有，當然有。就可惜我們的空軍倒底還是太少了。」

這時突然有一顆大砲彈自敵人方面打將過來，震得整個的戰壕都動盪起來。沙包裏的沙掉下來了，人也禁不住向四週搖擺。

「好厲害！」我說。

「作戰激烈時，前方的戰壕一天到晚都是這樣的，所以睡在戰壕裏，就像睡在鋼絲床上一樣。」

「睡在鋼絲床上！」我不禁爲這個好譬喻笑了。

我仔細觀察我們陣地裏的壕溝。工事可說是都做得非常好的。就是有的地方已經都積了水，弟兄們簡直有的就站在泥淤裏，水浸到他的半腿。

「如果下雨，怎樣？」我問團副。

「下雨還不是直淋？我們弟兄們都沒有雨衣，倘後方能給我們捐些雨布來，那倒是非常好的。因爲我們既可以包東西，又可以遮身。」

「是，」我答應着。

這時，離我們不遠的壕溝裏，槍聲忽然緊張起來了。我們可以嗅到很濃烈的火藥氣。

「我們回去吧！」團副說着，就半强迫地將我又帶回了團部。

七

整整的一天，我都是在團部裏過的。

我跟那些弟兄們，亂七搭八地講着，到晚上飛機不時的來轟炸，耳邊的嗡嗡聲與炸彈爆發聲，就不曾停過。團長因爲我是遠客就特地叫勤務兵燒了幾樣菜，請我喝酒。

「這裏，白天就簡直不能煮飯。敵人一看見那裏有炊煙起，飛機就又來炸了。

團長對我解釋着，我那時已有一天多沒有吃過東西了。所以雖然勤務兵拿上來的饅頭，與餅，是那麼又黑又粗，我吃的時候，還是只覺得它的甜美。

「這是前線的生活！」我心裏想着。

那天晚上，吃過飯，我覺得我應當走了，就告別了團長，團長還是命團副將我一直送到了師部。

到師部時，這次師長已經回來了。所以就很容易地見到了師長。

「昨天，我到前線去督戰去了，沒有見到吳先生，抱歉得很，吳先生這一次眞是辛苦了。」

×師長說着。

於是我們就開始了談話。

我將我這次的來意向×師長說明後×師長又接着說：「啊，慰問是不敢當的，抗戰是我們軍人的天職。這算不得什麽。我們前方現在也不需要什麽，倒是你先生帶來的那種畫報，弟兄們確是很歡迎。以後，有便，請不時帶些來。東西，只要交到我們師部在後方的留守處就行了。」

×師長講話時的態度是很和藹的，而且兩目烱烱有神，堅决地表示了他這次作戰一定勝利的信心。

「至於這裏的作戰情形，有許多地方，現在還不便說。可以告訴先生的，就是敵人所依仗的就只有砲火厲害一些，可是我們並不怕他。最近這幾天我們正打算反攻它，看上去，敵人是支持不住的。至於我們這裏的弟兄，作戰的勇敢，那更是不用說的了，先生想來一定已經聽到我們有一團裏四位弟兄犧牲到最後，還守住自己的陣線，將敵人的機關槍奪過來的事情吧？」

我點了點頭。

「敵人的士兵就不行了，差不多沒有一個人眞是願意作戰的。不過，看上去，好像敵人的督戰也頗嚴厲。所以有時候，敵人衝上來，給我們打退了，也總不敢十二分退遠。恐怕退下去也得打死的。」

爲了怕担誤×師長的功夫，所以不久，我也就向×師長告別。×師長很熱誠地將我送出師部，然後他又回前線去督戰去了。

在歸途上，有兩個勤務兵送我。時候又已經是深夜，我一邊踏着自己的影子向來時的路上走去，一邊心裏不禁發生了很大的感慨。

這次淞滬作戰，士兵，將士們是確是已經盡了他們的最大的責任了，雖然他們的物質生活是那麽地困苦。防毒面具不全，雨衣沒有，火器又不夠，可是我們民衆方面呢？前線担架夫的這樣缺少，要使受了重傷的傷兵們還不得不忍着痛在地上爬回去，那未免太講不過去了。

我在打算着回去後，怎麽使得我們的後方工作格外加緊起來。

二六，十，二十二，前線歸來之第三日

走向東戰場

焚戈

118

一　第一顆炸彈

正儀怎樣？唯亭怎樣？東戰線序幕之第二天，這問題就普遍地爲蘇州民衆關懷着了。

這樣情形之下，漢奸的造謠更是大好機會，于是正儀車站被炸毀，唯亭車站被毀的謠言替代了「怎樣」的答案。

爲了明白這個「怎樣」起見，在秋雨濛濛中，記者趕着×××師開赴前方的便利，跟雄糾糾的隊伍一起踏上征程。

江南的秋天是沒有一點肅殺之氣的，給人的感覺眞如春日一樣溫和，細雨濛濛籠罩了廣漠的原野，將是枯黃的樹葉經過雨絲的濕潤，又似含着一點活意了。生活在黃塵蔽天或風沙遍地裏的官佐們，對着窗外江南秋之綺麗，似乎忘記了跋涉的苦痛，行軍之疲勞；帶點欣賞風味，默默的大家把眼光放到天的盡頭凝視着。

車過唯亭，忽然發現飛機一架，在陽城河上空往返盤旋，因飛行過高，而且距離也相當的遠，一時頗不易辨認出是屬於那一方面的。一個部隊在行進之中，對于這種「遭遇」本相當地頭痛的。幸而飛機僅有一架，而目標似並未注意到我們的列車。

飛機，這二個字給了車中官佐們的不少的興奮，等那個翺翔在天空的灰白點子消失之後，車中開始了議論。

119

「你說，這個飛機是那方面的？」

「日本的！」

「憑什麼理由說他是日本的？」

「哪里有自己的飛機偵察自己的土地的道理！」

「唔！」

士兵們也在討論適才的事情，那些樸實淳厚的臉孔，却從說話中閃現了他們對於敵人理解的程度。

「漢口給他們逃跑了，媽的，這回在上海，才趕上呢！」

另一個士兵一邊在整理他的草綠色綁腿，一邊在咕嚕着。

「同志，爲什麼給他們逃跑呢？」

「沒有種，不打就走了，上頭命令讓他們走，有什麼辦法！」

「有什麽辦法」，最後這句話有點感慨，也有點憤怒。正儀怎樣？唯亭怎樣？到崐山以後才得到了一個正確的答案，原來敵機在唯亭車站投下的二枚炸彈，一枚落在荒田之中，一枚落在唯亭車站北面二里以外的陽城河中。正儀唯亭依然無恙，而在東線後方首先遭難的，要算陽城河中的一些蝦兵蟹將了。

二 崐蘇道中

爬上了難民列車，難民列車停靠在正儀站上有四個鐘點，從蒼茫的薄暮至於朦朧的黃昏，向東行的車子雖過了好幾趟，我們的車開行時間，依舊渺渺茫茫，飛機襲擊的危險，料峭秋風之威脅，使每一個人心頭浮起了一點陰影。

「問站長去！」

「問站長去！」——片問站長去的提議之後，有幾個人走向站長室，但站長的冷漠回答是「前頭路不通」。等到再想追問一句，摸的較清楚一點，而站長却悠然地踱回了臥室。

好容易挨到十二點鐘左右，車才從正儀站開出，那時大家唯一的希望是天明之前，還能到達蘇州，誰知行了一站，到唯亭又停靠下來，一停又是二三個鐘點，從子夜起，天又洒着瀟瀟的秋雨。鐵蓬車沒有客車一樣的設備，一下雨，那就更糟，一大部份人只好讓風雨的欺凌。沒辦法，再去問站長，站長拼命向前一站要路簽，前一站只是支吾其詞。看情形只得在風風雨雨的茫茫之夜，硬拼那麼一夜的了。

欲速則不達，眼前的環境不能不叫大家改變了人生觀，于是，能走則走，不能走則睡，這想頭通過了大家。再於是，車中能夠隱蔽風雨的就車中打起呼嚕，車中無法可想的搬到站房裏臥到身體。讓風雨欺凌着這些破碎的心，鑿擣着這些被傷的「喪家之犬」。

朦朧中，忽然聽說外跨塘中了漢奸埋的地雷，叫各處車輛慢慢的開出。急忙跳起來向各方面打聽，結果所謂地雷也者還是車站職員犯了幼稚病所鬧出來的喜劇。原來靠近外跨塘站附近的農家小孩，把幾個作爲玩具的泥像去埋在沿路的泥中，泥像手足伸展在外面，而埋泥像所在又不免有點坟起，這一來，巡道夫把他認作了地雷，而把伸展在外面的泥像手足認爲地雷的藥線。不敢去碰，又不敢臨近，趕回去一報告，於是這一幕幼稚的喜劇就順利地成長了。幸而經了路警去調看之後，立刻證實，喜劇不致於成了一幕悲劇。

喜劇的結束時，天色已近於黎明，經站長的幾次交沙，才討到了一支路籤。車開到外跨塘時，站長室畔正圍了一堆人，在議論他們夜來的喜劇。

被風雨欺凌了一夜的難民，至此也開始活動了。買炊餅，買粉糕的不一而足，也有些圍在站長室之前，探聽着他們流亡後的家鄉狀況。一個難民偶然踏進了站長室，立刻被路警抓了去。

車近于十時到蘇州。

三天堂的幻滅

蘇州天天遭受敵機轟炸。那一天早晨還有一點雨意，而到下午，天氣忽然特別清朗起來，眞有一點秋高氣爽的風味了。二點鐘，敵機二十三架結隊來襲。當時被轟炸的地方是老五團與飛機場二處，一共死傷了三十多人，然而敵人所給付的代價，除了二十多炸彈之外，還有一架飛機，二個戰鬥員。其間一個戰鬥員在危險時用降落傘降落在附近的稻田之中。

一種勝利的興奮使市民暫時忘記了不安，「看飛機去！」一部份愛熱鬧的羣衆大家又踏上了風沙撲面的馬路，被冷落了的盤門，這一天在大家記憶裏忽然活躍起來。

飛機落在距離機場一百碼左右的原野裏，機身大部被燒毀，剩餘的只是幾根零落不全的殘骸。機上所有的番號，已被警察局方面派人取去，幾個彈下餘生的保安隊士，面上沾滿了泥，向人敍述着投彈的情形及擊落一架的經過，另幾個影子在野原中閃動，他們在找尋着同伴的屍體。

「我們發現敵機的時候，一排人就分散開來，伏在田塍上或溝裏，儘可能的把身體掩護起來。敵機一來就開始投彈，轟！轟！的一下就是七八個，我們伏在地上，動也不動。炸彈，那傢伙眞厲害，落在地上，地上就是一個洞，污泥濺的半天高，我們大夥兒的面上，誰不濺沾了泥？媽的！」「後來，我們的一個弟兄，被彈片打死了，想爲他報仇，可是幾支毛瑟槍，那有用？誰知敵機盤旋了幾週，見我們沒有動靜，放大了胆，突然低低飛下來，離開地面只有幾百尺，我們大家暗暗地招呼着戒備。

「後來，有五架敵機又下來投彈，當他們直降下來的時候，有一架連人都給我們看的很清楚，于是我們不約而同的來了一個『密集射擊』，不知誰的一顆子彈打中了他的汽缸，汽缸破裂了，機中的一個人當場炸死，一個人傷了一條腿，從機上跳到稻田裏，中了兩槍。可是，我們也犧牲了好幾個弟兄！」

靜靜的，在這廣漠的野原之中，許多人都靜靜的聽他報告英勇的戰蹟。說到最後的一句，眼中含有晶瑩的淚珠了。

「不要悲傷，死了一個人，我們無數的人會作你們的後盾，我們無數的人會爲你們報仇，鬼子的犧牲今天比我們還大！」

羣衆之中，有人答覆了弟兄的說話，眼前的一幅圖畫，又從悲壯而轉到肅穆。這時他們的一個長官也得信，從田塍上迂迴地爬過來。

「你們不要灰心，死！一個軍人算得什麽!?能夠在這一次爭民族生存的戰爭中死去，應該是光明的，你們要繼續着死去弟兄們的精神，努力下去！」

「是的，隊長！」

弟兄們保持了一個立正的姿勢。

天氣將近蒼茫，大部份人絡續爬上了歸途，忽然嗡嗡之聲，又發現在上空，抬頭一望，糟了，九架敵機又分作三隊來光顧了。大家只得四散的臥在附近的田塍之上，這一次，盤旋有一小時以上，一共投了二十多個炸彈，地面上所受的損失是幾十碼地的青草和一些虫豸，到是善長巷給炸了一家旅館，還傷了幾個人。蘇州這一天晚間警報沒有解除，電廠停止發電，寄託於電氣發動引擎的工業，也連帶停止了，當地幾家較像樣的日報，第二天直到下午三點鐘才出版。

天堂的綺麗，在敵機之威脅下面幻滅了。

四劫後吳門

靜靜的太湖之濱，三十二架飛機一光顧，也捲起了滔天的巨浪。蘇州經着這次的襲擊，不得不變質了。許多紳士淑女，趕快溜之乎也，流連乎靈岩鄧尉之間。一般人民大包小包，扶老攜幼的塞滿了一街。一種流亡離亂的滋味，實在令人覺得悽慘。

敵機七八次的進襲，大小不等的炸彈甩了一二百，全蘇州仍不找出幾個地方有被炸的遺跡，一部份市民才感覺到飛機之威脅也不過如此。另一些人，儘有逃難的充分理由，然而逃了出去那裏弄飯吃，也是一個問題。不得不硬着頭皮跑還來了。到目前，白天的觀前街似乎並不荒涼，只是再沒有從從容容的好整以暇，顯然的，人們的步子加大了不少。

這兒羣衆的救亡運動，因蘇州之變質而高漲了。但是所謂工作，大部份是做在標語口號上的。在蘇州，滿街滿巷全是各種五顏六色千奇百怪的標語口號，舊的未褪色，新的加上去。各界抗敵後援會主要的工作也是在宣傳，最足使人不忘的是發行壁報，這種壁報是每天收聽無線電報告的幾條戰事消息，抄錄了托印刷所石印，翌晨分貼四處，其實這東西主要的關係還是在表現了抗敵後援會的所謂工作。如果說報道消息，則買幾張當天的日報貼貼，內容一定豐富的多了。人民團體方面，在形式上也是相當熱鬧的。

關於難民收容與傷兵救護這方面，這由紅十字會爲主體的救護委員會負責的。難民收容所中成千成百的難民，毫無秩序生活在一起。既不設法轉送後方生產，又不計劃加以訓練分發服務，人漸漸多，于是把每天規定的兩飯一粥，減作二粥一飯。傷兵救護最熱心的是一班中下階層的民衆及青年知識份子，然而在物質方面還是相當地缺乏。

五 變質了崐山

車到崐山，正逢到了敵機轟炸的時候。

崐山，這是長江流域旁的一個小縣城，介乎太倉、嘉定、青浦、常熟、蘇州的中心，它是歸有光顧亭林兩先生的出生地。

這裏，儘管有閒階級如何逸樂，如何追求物質上的享受，但是詩一樣的環境，他永遠保持了鄉村的優點。市民們永遠在過着他們悠然的生活。「一、二八」時雖然間接的遭受了不少損失，很快就被恢復了過來。誰想得到，這次民族解放戰爭中，他又遭受了空前的刼難，他支出了爭取自由的最大代價。

敵機的不斷地轟炸使崐山改變了悠然的生活了。平日最熱鬧的南北大街，至此已無一人，城中居民大部遷到四鄉，只有西門東門二處，還有一點市面，但只限於早晨，一到下午，街上也會靜靜的不見一人。崐山的郵政局，最初遷到西門，後來不知遷到那一個村中，寄信發電，幾乎全成了問題。

縣長溫崇信先生，是復旦的學生，年齡很輕，也很有朝氣，在這樣苦難中的崐山，行政組織還能不十分紊亂。差一點的是民衆組織這方面，城內尙有一些防護團之類，鄉村小鎭之間，根本就不知道民衆組織是什麽東西。

鄉村的民衆組織，接近戰區的各縣，幾乎犯了同樣的症候，不僅談不到組織，連起碼的防毒常識，也都莫明其妙。敵機過境時，聚在一起觀望的也有，拍手狂呼的也有。從都市的人民漸向鄉村遷移之後，鄉村也成了漢奸活動的對象。今天有一個和尙來打聽××的情形，明天有一個乞丐探問××的駐地，幾是不足爲奇的。有些較清醒的人民雖知其來路不正，但一來怕他身邊有武器，二來又覺得事不干己，眼睜睜的看漢奸自由自在地來去。

崐山城中的漢奸問題，也鬧的相當嚴重。記者到崐山的那一天，有一處因敵機投彈而起火延燒，消防人員前往施救時，竟有漢奸混入其中，將水龍的噴射器毀壞。幸經當場發覺，將其捉住。另一個漢奸在大庭廣衆以藥水傾入茶缸，也當場被捕，更有一個用白毛巾指示飛機投彈目標，因當時未發覺，卒被脫逃。當局方面在設法使除奸工作有新的發展，但這不僅是技術上的問題，如果不將保甲制度辦好了，收效是相當困難的。

六太倉的浩刼

上海的戰事向外擴展，敵兵結集於劉河楊林諸口。劉河一吃緊，日本的飛機就光顧了太倉城。八月的下旬，太倉的民衆們在倉皇中，被敵人的炸彈趕上了流亡之路。崐太路上，一羣羣男女老幼開始了顚沛的生活。

記者到太倉時，太倉城內除了少數公務人員之外，居民已經逃亡殆盡了。城內，東一處是被炸的陳跡，西一處是被炸的陳跡，彈洞與彈疤，到處可見；太倉的縣政府，縣黨部，警察局，都已遭到了敵機的轟炸。

戰爭發生以後，未遭轟炸以前，太倉方面的救亡運動，在黨部的領導之下，表面上也做過不少，但一遭轟炸之後，居民十室十空。對於鄉村的行政，這以後推行也感受着相當不便，原因是平時的政治組織機構，一直沿襲了老法子，通常推動已經很覺吃力，突然來了一個戰時，老法子那裏會運用得好呢？

太倉的省立師範，那是崐太嘉寶青等八縣的最高學府，在這兒，每年可以訓練一批優秀的師資，延續着這八縣文化的歷史，戰後的這八縣却首當其衝，直接間接的損失受了不少，這個學府的恢復，短期內是相當困難的。

然而敵機的寶貴敎訓，也擊破太倉人民不少的迷夢。他們認識了自己的敵人是那一個，在茫茫的流亡途上，記者聽見好幾個太倉人民，在切齒痛恨日本帝國主義！一顆炸彈抵得住一百篇宣傳文章的！

那時在太倉一帶的駐軍是×××部，他們的全部隊伍担任了瀏河的正面守禦。黃昏朦朧中，瀏河方面的砲聲密如聯珠。記者赴×××訪該軍的陶處長，詳談瀏河方面的戰事。

（十月二十七日被記于上海）

136

在北新涇火線上

征雁

從十月二十七日晨七時起，敵機狂炸滬西的當兒，周家橋鎮是毀滅了！火在狂熾，建築物在傾圮，消滅；難民一批一批的躺在血泊裏，斷頭，裂肢！慘，慘！整個是陷入恐怖，紊亂，慘呼，哀號，悲憤，怒罵的空氣裏。逃，逃，可憐的衆生，一大羣，一大羣，但是，逃到那裏去？上面的大隊敵機，不是絲毫不肯放鬆的在掃射機槍嗎？

這一刹那，不知有幾許的同胞，沒了家，亡了父母妻兒，離散了骨肉！

然而，敵人的殘暴，是終究只能造成我們抗戰力量的孳長的，而絕不會使誰氣餒。下面，一個值得記載的故事。

× × ×

「先生！你能介紹我當兵嗎？我氣死了，這東洋鬼子！」一個挑着籮担的誠樸的鄉人，前一籮是躺着一個小孩及被包，後一籮則是一些衣服和什物，他淌着熱淚，臉上滿堆憤激的情緒，以十分懇摯的態度，跑攏來對甯垵放哨的我們說。

「先生！我的家被東洋人丟的炸彈炸掉了，我的父親，妻子，和一個八歲的兒子都炸死了，剩下來只有我和這一個三歲的孩子了；那麼，我還做什麼人？但是我不能去尋死，我要報仇，我要當兵，我要殺鬼子……」他繼着說。

我們對着他打量了一回，檢查了一回，實在，我們太仔細了些，而他則確實是一個誠樸勇毅的鄉人。

「當兵是很危險，是要死的！」我們的答語。

「怕死，狗養的，我一定要當兵。」他在發着堅決的誓言。

「小孩子你願意拋棄嗎？」

「那算什麼！讓紅十字會去擺佈好了。」他答。

在小孩的哭聲裏，在紅十字車把這失了父母撫養的孩子收拾去後，他整理了一下被包和衣物，跟我們到部隊去見官長。

「你受過訓練沒有？」

我們的官長問。

「沒有。」

「既然沒有，你必須受訓，方纔可當兵　但這裏沒有你的機會。現在我們這裏缺一個伙夫，叫你義務担任，並且時常叫你搬運重量的東西。這樣，你同樣可以報仇，因爲我們殺敵，你們是幫助了我們。你願意嗎？」

「願意。」他毫不猶豫的回答了我們的官長。

於是他從那天起，便在我們的隊裏很耐苦的服務了，他成了我們的同志了。

可敬的老百姓

往常，我們做工事，臨時征用伙夫，老百姓們總是充滿着軍閥時代「拉夫」的恐怖的感覺，所以遇到我們去向他們要求「幫忙」，他們總顯着有些不願意，推說這樣忙，那樣有事，可是這一次在滬西——北新涇却不然了，他們非但誰都沒有顯着不願意，且都自動從四處趕來。

二十八日清晨，我們奉命趕築××橋的工事，所以在先前一天的傍晚，向各村未曾搬家的農夫店夥們去征伕子，但是不到一個鐘點，在這樣破碎凋零，殆陷毀滅的村鎮上，征得的伕子已供過於求。原來他們一聞風訊，便來踴躍參加。有的從二三里外的村落趕來，問駐軍，問我們，「還要伕子？還要伕子嗎？」

工事因而在未到預定時間已築成了。

但是，參加工作的老百姓們，辛苦了足足九個鐘點，看他們都背疼，腿酸，但是他們還是不願意離去，只是問：「還有工事嗎？還有工事嗎？……」雖然，砲聲在響，流彈在飛。

終於，因工事已完，他們很悵惘的，只得離我們回去。

啊！一羣可敬的老百姓，他們是在敵人的砲火和炸彈的洗禮中驚醒了，認淸敵人了！

忠勇的黃包車夫

在××師的部隊裏，有一個忠勇的黃包車夫，他是泰興人，他的名字叫張友富。

他的家住在閘北，「八一三」戰起後，他的家毀滅了，他的車子不能拉出安全區域，同時，他也不願意拉出；他只是很勇敢地，投在我軍的××師的部隊裏，當一個担任運輸的伕子。

他的飛毛腿，本來在平日是鍛鍊得很好的，可是他替我軍服務，是顯着格外的敏捷，迅速。只要是二三百斤重量的燃料，粮食，他總能一拉就跑，飛也似的。他是那樣起勁，晝夜工作着，從沒有說過一聲「苦」，也

142

從沒有偷過一分鐘的懶。

他說：「我是江北人。江北人的苦力，人家說，多爲敵人利用做漢奸；但是我却要替江北苦力雪恥，我要做個忠勇的江北人。」

一個日本間諜

二十九夜，我們在××橋的後方防地上，發現一個日本間諜，潛在我們的陣地刺探軍情，當被我們緝獲。

他化裝了一個叫化子模樣，上身穿着破衣服，但下身却穿了一條舊黃呢軍褲；從這一點上，被我們看出了破綻。

把他帶在部隊裏，經過我們一番嚴厲的威嚇審問，可是他始終不說一句話。當然，我們的威嚇，是只限於威嚇，决不像敵人，連把我們的難民傷兵擄了去，也要施以慘酷的殘殺。

「支……那……火……燒……鬼……」他受不了我們一再審問的麻煩，他於是在接連的罵我們了。

威嚇既不能使他說一句話，當然只有用和藹的態度，和柔的語言，去繼續對他審問了。

一個熟諳日語的同志，他用了十足感化的口脗，對他說明了這樣的意義：

「日本朋友：我們非但不至對你傷害，而且同時也不會對你加以怎樣難堪，你可放心，你在這裏會永遠受到我們的優待，你的生命是永久安全的。因爲我們的仇敵，是你們日本的軍閥，正和你們因着軍閥的蹂躪，壓迫，不得不拋棄了美滿的家庭，甚至毀滅了家庭，而到我們中國領土來作無意義的，慘酷的戰死一樣。但是必須你有誠意來做我們的好朋友，便是不要供日本軍閥作無謂犧牲，和認淸你的敵人是誰？我們問，你要誠實的回答。你是做什麼來的？你担任怎樣工作？你們隊伍裏的情形怎樣？弟兄的感想和生活怎樣？你的感想怎樣？你叫什麼名字，那裏人氏？……」

他聽了這一番話，臉上突然顯示了愉快的感覺，竟毫不滯思的，極流利地滔滔說起來：

「我叫野藤春夫，名古屋人。

「我確實是到貴國防地偵察軍情來的。

「我是一個義務的警備兵，但我是早稻田的大學生，測繪地形，偵察陣地，都具有基礎學識，所以無須經過緊急訓練，我便適宜於担任間諜工作。

145

「你說我是你的好朋友，那正是好朋友，但是我們沒有辦法，只得忍受壓迫，供候驅使，來和你們反友爲敵。我們想反抗，可是沒有反抗的機會和環境。」

「隊伍裏的弟兄，是沒有一個不厭惡戰爭的，對戰地的生活，也沒有一個不是感到不能忍受的痛苦的，尤其是有很多的日子，要枵腹作戰」。

「在我當然是感覺軍部的政策是太錯誤，太使人憎恨；不過，像我這樣反對窮兵黷武，在軍隊中究竟是僅一部份，因爲軍人的思想是太籠統，太簡單，是始終被王道的法西斯主義霸佔着；但是，他們是都被『戰死』的威脅，而動搖了强蠻的心理了。……」

「……………」

「……………」

說畢，他又對我們表示了一下感謝的美意。

等一忽兒，官長下了二條命令，一條是叫隊員妥適的優待他，另一條是「明天把他解到支隊部去，轉總指揮部核辦。」

——從這個日本間諜的坦白供詞裏，我們已可見到敵人內部的反法西斯氣燄，是如何高張了，和敵軍的所謂「士氣」，是怎樣的潰沮和渙散了。

戰士們的希望

在北新涇前線的忠勇的戰士們，他們的腦海裏，都深鏤上有這樣一種熱烈的希望。——希望上峯有命令迅速反攻大場。因爲他們的觀察是不反攻則罷，一反攻定能將大場克復，大場克復了，他們不難重復囘到第一道防線上去殺敵，所以他們渴望着向蘇州河北去衝鋒的命令，但他們却感覺到，死守在蘇州河南，太是苦悶的一回事了。

舉個例，當某一次，在我正閱讀報紙的時候，便有一個老鄉跑攏來問我：「同志！今天報上有沒反攻大場的消息？我們等得心焦極了。」接着，他又說：『這裏的空氣太悶死人，如果我們能克復大場，恢復第一道防線，我們雖死有什麼不高興呢？……』

在一日的深夜，我們的隊伍離開了北新涇，而移防在與先前相距約三里的後防陣地上。

生活

$0.30

上海抗戰記

郭沫若
謝冰瑩 等著

上海抗戰出版社刊行

上海抗戰記

郭沫若
謝冰瑩 等著

上海抗戰出版社刊行

1937

女　軍　人

馮玉祥作

世界日進化，
　男女皆平等，
人人能自衛，
　方能到大同。
深夜開汽車，
　吳縣到嘉興，
途中多橋樑，
　看守多女兵。
雄壯且威武，
　志向很[illegible]，
手中持大刀，
　態度甚雍容。
竇店亦有女哨兵，
　年歲不過十餘齡，
見敵將要進村莊，
　發槍擊之不容情，
打死一個傷兩個，
　不比男女有虧成。
如果全國皆如此，
　抵抗敵人定成功，
無論南方或北方，
　無論男兒和女生。
人人個個應覺悟，
　要想生存上戰爭，
兄弟姊妹手拉手，
　甘願爲國拚命犧牲！

目次

蔣委員長申言中國之態度

對路透社記者的談話

路透社記者頃冒空襲之險，乘車赴京晉謁蔣委員長，探詢在目前中日不宣而戰的狀態下，中國政府之意見。當蒙委員長詳細見答，而委員長之意見尤着重於國際制裁的必要。

委員長宣稱：『制裁的必要，不僅是爲了中國，且是爲國際的安全。』

『假若各國認識目下正在進行的侵略的威脅，並希望阻止此種結局之波及全世界，那末各國應直接或間接，採取任何適合於自國立場的行動以阻止之。』委員長說話時態度很肯定。繼謂：

『日本發動戰爭，其目的在粉碎中國而自立爲一大陸國家，此爲簡單之事實，已無須再煩言辯明。』

委員長及蔣夫人公務甚煩忙，常每日辦公十八至二十小時。此次晉謁，本定爲五分鐘，後竟延至四十五分鐘，委員長本人亦詢及許多問題。

戰爭產生的幾種結果

記者當請委員長説明，自戰爭發生以來，其在軍事上或政治上所產生的結果爲何。

委員長答謂，『結果已有好幾個。第一是中國人民的一致團結，抵抗目無國際公法，蔑視正義人道，藉口侵略中國，並燬壞平民，無論其為中國人或外國人之生命財產的兇暴殘忍的敵人。』

『第二個結果是列強顯然接受了「製造事件」以代國際公法；因此用侵略，佔據，終於吞併其部份領土以「懲膺」一個國家，便視為出於正當。這是在東北所發生的事，而現在之企圖亦復如此。』

『第三是日本蹂躪中國各重要海口以摧毀商業及驅出外人利益於亞洲大陸之外的有系統的企圖的揭露。而外人利益早已被驅出朝鮮，驅出滿洲矣。』

『第四是中國已回答日本，即在軍器和組織上，日本即或是強，中國即或是弱，但中國已不再忍受日本所慣用以對待中國的方法？中國將抵抗任何對領土主權的破壞。』

『第五是日本不斷地自毀其在中國的投資，同時便自毀其在中國的通商機會。如果日本能以聰明，和氣及政治的態度與中國相處，無疑地，日本必可獲得廣大中國人民的尊重及近乎壟斷的貿易。然而日本此之不求，反而深種仇恨及不信任的種子於中國人民心中。至於其他結果則有待於時日的顯示了。』

中國的和平條件

記者當又詢及蔣委員長，目前在何種條件下，中國方能停戰。

委員長答謂，『這個問題，祇有在日本決心改變他反對中國及全世界的態度時，方能回答。中國是必須保障她的主權，及其行政領土的完整。』

記者當再問，在任何環境下，不宣而戰，是否有利於日本；又日本與另一西方強國開戰是否不可避免。

委員長答謂，『列強是否甘心聽日本蹂躪中國，更而據有中國，我不能回答；中國現在以簡陋的武器所從事的戰爭，不僅是中國自己的戰爭，而應是一切委託其生命於條約的神聖和不可侵犯的國家的戰爭，尤其應是那般在中國有廣大商業利益，而目下利益正在被破壞，代表正在被驅逐的國家的戰爭。

『假使日本戰勝而佔有中國，則外國貿易所受之影響當不難逆料，而政治上之影響亦不難先覩。自九一八以來，國際觀點已有顯著之變遷，故目下余不能預測任何國家將取或不取之行動，但余堅信，假若日本繼續侵略中國，中國絕不會失敗。中國將不計成敗，抵抗到底。』

列強應有的態度

記者又詢問在上海目前情勢下，各國之態度或行動。

委員長答謂，『在上海目前的情勢下，各國最近將來及較遠將來的行動是極爲明顯的。但制裁的問題則有待於參加九國公約，凱洛格非戰公約，及組織國聯會的國家了。」

「無疑地，以行動阻止對中國的蹂躪及恢復合法貿易的進行，實應由某某肩負起此項責任。海口的破壞於任何國家無益，而中國的海口正爲侵略者所破壞。」（譯自"North,China DailyNews"）

— 4 —

蔣夫人表示中國絕不畏苦難

對大美晚報記者的談話

大美晚報記者昨日晉謁蔣夫人，探詢在現刻緊急時局下，中國方面之意見，承蔣夫人見答如下：

「因爲中國民衆，致力於在和平中求生存，并力圖將革命後的混亂局面歸於統一和進步；於是狂暴的日本便利用每一個可能機會，進行屠殺中國民衆。」

日本不甘心中國統一

「這一次日本軍人在上海所施行的，震驚全世界的破壞和屠殺，是日本軍人侵略中國在各地的暴行的例證。昨晚和前幾晚，我在南京從月夜中目覩日機投彈轟炸，各處共投了卅四枚。來到上海前綫又看見，上空則充滿着窮兇極惡的殺氣，地上則火焰騰騰，血流成渠，殘屋覆地。』夫人繼謂，『日本甚至不准許中國民衆過他們應享受的最低的生活，他尤其不甘心中國完成統一，或在經濟上建立穩固的組織。中國的進步，在日本視之，不僅是可咀咒的事，他甚至偶一想到，便立刻憤怒而至於瘋狂。

『日本昭告世界說，他僅欲在中國達到經濟提攜；但他所謂的提攜，則是指的經濟統治。於是他便想用所謂「自衛行動」或中國破壞條約（他所指的條約，或是硬指其存在，或是威脅地方當局訂立的）的藉口，來達到這個目的。他可以採取任何手段，威脅中國承認他所武裝佔領的地帶，他要我們國家完全做他的奴隸。

『中國現在在自己的領土上爲了保衛祖國和光榮而抗戰了，這正是每個自尊的國家應有的權利和應有的行動。中國並無所畏懼；日本也許是一個善戰者，但中國已下了決心，要爲他的人民和主權而抗戰到底。

和平和昌盛應爲世界共有

『在過去，中國是隱忍得太多了。他忍受着最高度的痛苦和恥辱，以至東三省的被強奪，而引起了世界全般的驚異。以上種種，僅僅是因爲中國爲使她的國家恢復秩序和統一而已；和平和昌盛是應該爲全世界所共有的。

『然而中國在這方面的驚人的成功，却使日本軍人大爲難過。他們知道中國的統一是他們夙夜憧憬的，以中國爲犧牲而建立一個大陸帝國，從而威脅全世界的野心的當頭捧。因此他們（日）向中國發動了戰爭，因爲他們認爲時機壓迫，再遲便無濟了。

『日本所昭告的，是中國破壞條約，因此必須武力懲戒。這種藉口的虛妄程度，正和她爲逞其私慾，而任意破壞任何國際條約的情形是一樣的。同時她又以可恥的努力去使那般樂於這樣相信的人，相信她是在撲滅共產主義，這種說辭當然絕非事實，這不過是日本驚震於中國民衆的決心抗戰，她難以獨力應付，想借此引誘某某數國，助其擊破中國而完成其私慾而已。

中國有極清楚的認識

『我可以再說一句；中國或將遭受苦難，但是中國絕不畏懼。因爲中國深知日本現在所爲一切，是同時違反着上帝和自然的規律。卽使實際政治上已無所謂公理，堂堂條約的簽字者對於傷害於無辜的弱者的戰爭，能默然無視不加反對和制裁，然而對於那個現在正在這個大地上大施殺戮和破壞的罪人的懲罰，終竟必然在一個時候是要到來的』

『對於目前世界各國所有的條約犧牲的可驚犧牲，我不欲有所批評。但我可說一句，如果這種情形能讓其下去，則無論那一國以後還要簽訂條約，而希望有法可制止侵略國的破壞，便是天下的大愚。

『最後我可爲美國人民告者；中國現已決意盡其全力，以拯救自國並永維中華的光榮。中國已準備，在無論怎樣悠長的時期中，忍受最難堪的苦難，以爭取領土主權的完整和民族解放之最後勝利。中國深知需要忍受極鉅大的犧牲，但她必爲自己的解放而奮鬬到底。對於來日大難的如何慘酷，中國有極清楚的認識，但她無所畏懼的。」（譯自"The Shanghai Evening Post & Mercury,,）

張治中總司令通電抗戰

京滬警備司令張治中通電云：各報館轉各部隊。各機關團體暨全國同胞公鑒。元（十三）日下午暴日侵滬。艦隊突以重砲轟擊閘北。繼以步兵越界襲我保安隊防地。我保安隊忍無可忍。起而應戰。治中奉命統率所部馳援。應保衞我先祖列宗篳路藍縷辛苦經營之國土，爲保我四萬萬五千萬黃炎華冑之生存。誓不與倭奴共戴一天。今日之事。爲甲午以來四五十年之最後淸算。彼曲我直。彼怯我壯。彼爲發揮野心之侵略。我爲決死求生之精神。共負洗雪國恥。收復失地之重任。遵奉最高統帥蔣之昭示。以百折不撓抗戰到底之決心。求得最後光榮之勝利。擐甲陣詞。不勝激越。張治中叩刪（十五）印

火中的上海

一　三百五十萬市民的大都市

風強勁地吹着　浮雲滿天，月色使夜成爲乳白。多標準的夜戰的天氣啊！三百五十

萬市民的大都市在沉重的戰氛下靜默了，高樓的百眼中，偶然有一二隻睜開，是那一個新聞紙的通信員，匆匆地整理他的記錄呢？

黃浦江還是平靜的躺着，二十條左右的日本軍艦，燈火全熄，小心地泊着；牠擔心出其不意的襲擊，同時也準備突然的襲擊對方。

遠處有稀疏的步槍聲。

突然，機關槍急促地響了，我們英勇的前哨，達到了華德路百老匯路附近，這一個給敵軍的極大的威脅，使他們不得不全力掙扎。同時作爲敵軍指揮中樞的旗艦「出雲」也加緊了準備。

機關槍聲漸漸稀了，敵人經不起壓迫而向東部退却。不知道有多少人，同時喘一口氣。

眞是只够喘一口氣的功夫。突然大砲帶着鬱塞的忿怒吼了起來。人們這時候完全算不清還大砲是那一邊放的，於是我走到了一座摩天樓的頂上，向東方看去。

灰黑色黃浦江外是一片濃黑的浦東，忽然在這一片偉大的黑暗中，紅光一閃，接着悶雷似的砲。這聲音和方才聽到的完全一樣。於是我就確定我們的軍隊已在浦東方面，向黃浦江中的日艦轟擊了。

「先下手爲強，」「進攻是最好的防守，」我默想着這兩句。

像一個鐵鎚敲在青石上一樣，一種較小的但是更堅實的聲音發出了，同時火紅的一條向浦東飛去，——敵艦還擊了。探照燈像一把無限大的白刃，劃破着無邊的黑夜，照明彈發着閃電似的光，有幾顆鮮紅的漫漫地向南飄去，美麗而且悠閑地像煙火。假使我不是在一個偉大的仇恨和嚴肅的工作中，我一定會忘了生命的危險，而欣賞這美麗。

浦東方面的炮聲並不減少，日本軍艦上的砲也越開越多，激烈的炮戰開始，大上海沉靜得帶死氣，只有炮聲佔領着一切。

機關槍似乎因爲覺得只是大炮太單調，又急激的響起來，這是日本兵艦上放出，目的也是浦東，大約想攻擊我們英勇作戰的砲兵罷。

左近的幾座高樓的窗口和屋頂上，人們悄悄地站着。這半世紀的血的仇恨，在這一個更大的血的冲激中算清罷！儘管某些人譏笑着的人沒有常識，儘管各方面的善意的勸告，但有什麽辦法壓下自己的熱情呢？誰不願意目擊我們英勇的兄弟們消滅當前的敵人槍炮聲完全停止了，兩方面大概都在補充整理，預備着更劇烈的戰爭。夜已深，風更勁，我慢慢地走下高樓，退回臥室，卽使再有炮聲，我也已經能够在炮聲中睡去了。

不知什麽地方有一聲汽笛的聲音，窗外弄堂中有一個人唱着京調走過了。我希望我們的空軍忽然的夜襲。

二　外灘

當壓伏了一切聲音的巨炮突然停止後，夜的上海就落在一種窒塞的靜默中了。

屋子裏的電燈大都關着，因此使馬路上的街燈格外光亮。行人太少，霜雪似的燈光落在瀝青道上顯得有點冷，使人想起積雪的月夜，幾個武裝的萬國商團，站在外白渡橋的南邊。橋上障礙物，并不佈妥，並且就是佈妥，也很單薄；我擔心目前已經利用公共租界的虹口區域作戰的日本，兵假使因為我軍更大的壓迫而潰退時，蘇州河南的公共租界，又將成為他們的尾閭。

蘇州河北的電燈，似乎比河南面更亮；人影全無，更使我想起在積雪的月夜，悄悄獨行的情形來。這錯覺、使我幾乎完全忘記這是戰地的情形，我現在站着的地方，就是隨時可以吃到流彈的險地。

幻想立刻給擊得粉碎，給一顆嘯着飛過的槍彈。於是我不自主的舉頭四望，夜還是那末靜，但是空氣似乎重得像一個磐石，他壓着一切代替了那雄大的炮聲。我在這重壓的空氣，感到那無限深的仇恨的鬱結。

一個四十多歲的婦人從蘇州路穿出來，因為沒有通行證，崗警就去干涉：但是，他們並沒有把她帶到巡捕房，却送到附近一個有難民的弄堂中。她是八字橋附近的貧農，一二八時曾經給日本兵焚燬了房屋，此後她的生活就更加痛苦。這回，她又蒼皇的逃出，今夜她看到東北天的紅光，恐怕八字橋又起火，她是想再到黃浦江邊看看那裏是不是任火燒。」這是送她到一個弄堂中去的崗警回來告訴我的 在電燈下我看到他的蒼白的嚴肅臉色，這臉色過去是不會在租界上包探巡捕之類中看到的。

在這種一方面是無恥與殘酷，一方面是堅決和神聖的戰爭中，每一個柔弱的人會堅強起來，而每一個冷硬的心會煖和起來的。

黃浦灘路，這條上海的㠶爾街，資本國家的吸血管，——銀行排列着。平日牠們以雄偉的體格，威嚇着全上海，而現在牠們却成了許多化石的巨人。正金銀行中，一個窗口也不露出燈光，這日本帝國經濟侵略的大本營，現在據說在屋頂上，架着高射礮，成爲一個軍事侵略的壁壘了。

江海關同樣的靜默，輸入輸出的全部停止使他沒有活動的可能與必要。在浦江邊，我們看不到一個穿制服的人了。愛多亞路左右的浦江，集中着十數條英美法意等各國戰艦，他們悄悄地泊着，似乎給這一次激烈的戰爭懾住了。

高樓上各國的國旗耐性地飄拂着，夜色中看不清國別。我忽然想到在這一次勝利的抗戰結束後，我們那面用了無數的血所柔紅的火一樣光明的旗幟，將以青天作背景而照耀着世界。

公館馬路上的法國兵，三五的對站着，他們不時的望着閘北和南市，大概因爲太悶了而希望來一聲大炮罷？

來復槍很遠的響了起來，偶然有一兩聲炮聲，都太遠，聽去像廢曆除夕半夜後聽到的爆竹。但是雖則遠，而我的靈魂却同樣的給他震動。我不輕視戰爭，但我能懼怕這次戰爭嗎？

三　火線附近的街道

假使有人想找一個眞正靜的地方，那末，我介紹在火綫附近的幾條街道。通過了公共租界的鐵門，儘有的市聲就完全聽不到了。十字街口沙袋堆得很高，店鋪的門像舊歷新年一樣的完全關着，因爲關得太匆匆罷，大減價等等旗幟還是高高的掛着。我担心這些將成的日本空軍轟炸的標幟哩！

靑黃色衣服的我軍，沉毅的守着各人的地位，他和褐色的障礙物，似乎成了鋼鐵澆鑄的一體，無論誰，似乎都沒有撼動分毫，從這裏我看出來了「撼山易，撼岳家軍難。」這兩句金兵讚歎中，我中國民族的戰士，所固有抵禦外侮的精神。

讀者們，我不能不記下我永遠忘不掉的印象，建築物的紅色與灰色，映在明淨的秋陽裏，十分鮮明；仰頭看去，天像一溪春水。街口的沙袋，扶着夕陽，成爲黃金的堡壘，使人立刻想到漠北的「受降城。」許多戰士，把步槍向東方指着，只要一聲命令，立刻就有一排密雨似的子彈發出。他們凝神注視着東方，一個人也不說話。記得某外報記者在大雁塔中看到一個東北的靑年軍人，向東北凝視了一個下午，而知道中國軍人是何等迫切的想「打回老家去。」現在我們知道我們這誰也不能戰勝的戰士們凝視着東方，是何等的高興着自己有殺敵的機會，努力罷，不久的將來，我知道這在大雁塔上凝視着的軍士。和你們一同冲向白山黑水間去的。

在一條橫街口，我看到一家沒有關閉的紙煙店，店中杳無一人，大概店主人不關門就走了，香煙之類還是很整齊的擺着。櫃台上，染着許多塵埃，這事實證明了我們的戰士的紀律，連香煙之類，也不去拿一包抽抽。其實，我到以爲抽抽也不妨，民衆特地也來慰勞他們，說不定主人們不關門走掉，是有意把他留給兄弟們抽的。

步槍在遠處響着，幾縷煙裊裊的直上，是敵人的陣地中炮燃燒，士兵們有經驗的耳朵，聽着槍聲，知道是我們或則敵人放的，同時聽着槍的遠近，而知道雙方的進退。

「媽的！他們還想反攻呢！」一個最近的士兵和我說：「方才他們就吃了一個敗仗！」接着，他就指着告訴我，本來敵軍是在遠處那一個紅頂的高建築物裏，因爲槍都從那裏放出來的，現在是退到後邊去了。但，他們不心死，還想反攻，方才的幾槍，就是他們爲試探而放的。至對那個遠處高建築物是什麼地方，記者既不能確定，那個士兵自然更不知道了。

租界上的人們看到日本飛機時常去閘北轟炸，以爲閘北是破壞得很厲害了罷？其實，這只是一個想像，這裏是一點也沒有給破壞，連流彈也不大有；因爲這是在交戰區域的橫側，不是子彈所經的地方。

最出乎意料之外，忽然我聽到一聲公雞漫長的啼聲，接着又是一聲。大概因爲和肅靜鄭重的空氣太不調和了，我和附近幾個士兵不約而同的都笑了起來。其實戰爭的襲來，誰還有心帶這些家禽走呢？

走進小街，就靜得更厲害了。我好像從淺水游入較深的地方，忘了身臨戰地，而想起故鄉的寂寞的小鎮了：一樣是陽光，一樣是半關着的店鋪，一樣是催人早睡的雞聲，然而這裏是隨時可以經過火與鐵的洗禮的。

除了隔一條鐵門外，我不知道此地和租界有什麽特殊的不同。照目前的情形看去，這裏的安全比租界似乎更有保障，因爲日本軍是沒有能力攻到這裏來的。

誰想體驗眞正靜的街市嗎？那末，我介紹這火綫附近的幾條街。低級的歌聲，庸俗的叫賣，不是已經疲了我們的神經嗎？那末，暫時小靜一回也好。就是炮聲不是也使人神爽嗎？

戰時的上海街頭

難民不斷地經過外白渡橋南來，一輛一輛的卡車載着，多半却是步行。年青的扶着年老的，男的扶着女的，攙着小孩子。他們歇息在外灘馬路的兩旁，用期望的眼色看着天。

「我們飛機就會要來的，」有人說。

我到那裏是下午兩點鐘剛在我們空軍跟敵人戰鬥之後，有一時的沉靜，我從公館馬路到外白渡橋，人們潮水樣的從百老匯路流到東熙華德路，慢慢地過橋，日本領事館的旗子，已經不見了，「出雲」艦在那里喘息，我沿蘇州河往西，混在難民羣裏到了四川路橋。

他們都很疲倦，可是一點也不沮喪，眼睛掩不住地顯出一種光彩，表示光榮，並具興奮。

橋上有鐵絲網攔住，大家都瞧着靜悄悄的對岸——祇偶然有一兩個人走過，一架軍用摩托卡沿北蘇州路轉乍浦路往北去了。

一個女孩子叫：「東洋兵！」

她旁邊那個，大概是她父親，很沒氣力地躺在人行道上。現在他欠起身來大聲說：「要是有槍——拍的一記！」

可是忽然橋上攔着的地方放開了。一輛卡車衝了過來，中間一挺機關槍，兩邊支支步槍，上着刺刀。這又是日本兵！眼珠子四面溜着，神色很緊張，又十分着慌。司機簡直有點駕駛不住這一車，沒頭蒼蠅似的在馬路上走着「之」字路。

避難的人羣裏忿忿地呼了起來：「東洋兵怎麼好到租界裏來！東洋兵好來，我們中國兵也好來！」

「上一次上海打仗，我們中國就吃的這個虧。東洋兵敗了好逃到租界裏，十九路軍就追不過來。衝過來就好了。」

那女孩子的父親坐了起來，他說我們要是有武器，我們就能從這邊衝過橋去。

「要是有槍——我們要逃什麼難！祇要女人小囝逡逡過來，我們就——跟東洋人打！」

大家都擁在一起說着，疲倦也忘記了。他們誰都知道什麼人使得大家流離失所，誰都知道我們最大的敵人是誰。

我從四川路往南，到四馬路轉東。難民不斷地從河南路來，從石路來，從外灘來，肩着箱子，拿着籐包，挾着包袱。從事救濟工作的人拿着一面旗，寫着某某同鄉會難民救濟所在什麼地方，沿路走來走去。

一家京戲院裏也有人躺着坐着，鐵門可關得緊緊的，外面擁着無數的人要求進去，看門的巡捕在門裏說着些什麼，好像有什麼苦衷的樣子，門可怎麼也不開，人行道上有幾百難民散在着。一個白頭髮老婆婆坐在箱子上。靠着戲院的牆，閉着眼，一個中年男子陪着她很安靜地替她打扇。一個十一二歲的小姑娘幫她母親拍着小弟弟睡覺時不時跑到街心裏去望天空，顯然她聽見了聲音，以爲飛機來了。我蹲下來跟他們談天，他們一點也沒表示過什麼不幸，或者表示埋怨。一個工人模樣的人告訴我，他是住在楊樹浦的。

「楊樹浦有了危險，就是日本兵打敗了，」他說。

「一個四十來歲的女人在路邊彷徨，眼睛哭得發紅發腫。她一家人都走散了。她說大人還不要緊，不放心的是她那六歲的小兒子——誰知道他有沒有給流彈打死呢？於是她重新又流下眼淚。

可是她並不怪這次的戰爭。仗是該打的。

「這都是東洋人！東洋人打中國人，打仗總規要打。……都是東洋人！」

旁邊一個老年人微笑着看着我們，我用很勉強的上海話問他：

「老人家你是那裏來的？」

他看周圍的人，答道：「這回我們打得起勁：拍喇拍喇劏劏劏！」

那四十來歲的女人岔嘴：「先生，他是個聾子。」接着指指戲院門口大聲對他說：

「到門口去等等罷，門開了好進去。」

我買了一張號外，大家擁了過來。一個奶着孩子的疲女人顛顛脚，問我們：

「報上說些什麽？」——然後注視着我們。

這許多人還沒來得及被收容，沒有住處，沒有得吃的，有的家人還失散，可是他們還樂觀。他們對中國勝利的前途有了確信，中國祇有在這種局面之下才配談「犧牲。」

也有人在哭泣：這是像小孩子生了癤子，被醫生開刀時候一樣的哭泣。

他們的情緒幾乎全一樣，寫來寫去——眞也成了「差不多」的作品了。他們都很鎮靜，然而又興奮。他們在路上擁擠，然而不亂：是不是因爲他們走得太累了呢？我不知道。總之，街頭上並非難民的人，反有顯得亂嘈嘈。大家動不動就無緣故地亂奔。一個人一跑，大家也慌慌張張就拔起腿子來。

「快跑！快跑！」

「啥路道？啥路道？」前面的一面跑一面問。

「勿曉得呀。」

大家抗戰的情緒當然是高漲的，對戰事是非常關心的。然而也看得出——民衆缺乏組織。

「八一三」事件是繼華北而起的第二炮。這不是個結束，而祇是一個開始。爲了準備全面的抗戰，組織民衆的工作就決不能怕做，就非加緊起來不可了。

愛多亞路虞洽卿路口——是難民最多的地方。大世界收容了許多。速東飯店斜對面有一幢沒造好的六層大樓，也給難民佔滿了。外面圍着一道籬笆，旁邊一個小門出進。這大都是十二、三號移來的，從虹口、從閘北，從引翔，還有從曹家渡，從大場來的，下面一層——一進門就是一個沒塡好的方坑，裏面蓄着一汪綠膩膩的水，有誰就利用這點兒空處，安置了兩輛手推車。旁邊堆着小石子，高高低低的，像小土邱，許多人在上面鋪着蓆子躺在那裏，抱着膝頭坐在那裏。

門口還排隊樣的有人進來。一個小孩子端着一碗紅棗湯走着，眼睛提防地釘着手裏，一面喊着叫人別碰翻牠。

二樓以上的人大概因爲來得早，帶來的東西就齊全些。竹床，行軍床，甚至有一張寧式木床，帳子好好地掛着。在鬧鬧的人聲裏，什麼地方有一隻雞在啯啯地叫。

一個電車賣票員掛着個袋子，攙一個小孩在人叢裏上樓。

「咦，」有人嚷•「賣票員也來逃難！」

那個回答「不是的，這小人走散了，帶他來尋人的。」

在這空樓裏躺着坐着的，都料得到現在他們的家有沒有燬掉。我問一個人：從那裏來的。閘北，他上海話裏夾着江北音。做什麽的呢？

「做小生意。」他答。

「你們店裏怎麽樣了？」

他聽了我的口音，於是用純粹的揚州話說：

「現在可不是完了麽。什麽東西都打掉了，沒得了。………阨先生，聽說今兒個把日本兵船炸沉了一只，可是眞的？」

問這句的時候，他眼睛裏發起光來。

另外一個告訴我，他是在××紗廠做工的。他旁邊躺着一個老婆婆，輕聲地在那裏哼，手揩着眼睛。這是他的母親。他扶着她從楊樹浦來，上午八點鐘出發，下午三點才到了這裏•

隨後他手指脚舞地說了開去：「中國軍隊把公大紗廠打下了。這家紗廠說說是紗廠，其實是日本軍隊頂要緊的司令部，軍火藏了許許多•日本老板很壞。昨天他還叫大家不要跑，說是十五號就發工錢，還說打仗打不到這裏，叫大家好好做工，都是好人！這回日本軍隊怕工人說出去，殺死了好幾個。」

「以前中國工人不曉得牠有軍火？」

「哪里曉得去！大家祇看見日本兵跑來跑去，也想不到是做司令部，那個曉得倒是個頂要緊的地方，嗯，我們把她打下了——好了」。

十字路口也坐着許多人，帶着大大小小的包袱，卡車忙着跑來跑去。

我們的飛機又來到了黃浦江上空，敵艦着慌地發射高射炮。

我走出籬笆門，炸彈聲跟礮聲混了一起，一朵朵的黑煙跟着飛機衝，好像是憑空長出來的，好一會還沒消散，飛機可穿進了雲堆裏，又翹起頭從雲堆裏穿出來，漸漸看不見了。

街上一片雷似的掌聲，歡呼。

沿愛多亞路街往西走，我在李梅路口站住，因爲又聽見了飛機的聲音。

高射礮又連連接接地發吼，於是看見飛機一歪，方向轉了一下。

有一輛裝柴的卡車剛在路口停了一停，上面的工人們仰起頭看着天上，忽然叫——「炸彈！」馬上跳下車。

人們都趕緊避到路邊。我往東面一看，聽見轟的一聲，一陣火光。於是前面全是黑煙。

地下也給震得一跳。兩旁屋子的玻璃嘩的粉粹了。

「在大世界那裏！在大世界那裏！」事後才知道是飛機中了一炮。炸彈才落下的。街頭難民受了意外的災害。一個大慘劇！這責任該誰負呢？

誰都明白——要是租界不讓日軍退進來，要是租界不讓日軍做進攻我們的根據地，這種慘劇決不會有的。

這種不幸，祇有一個方法，可以避免再發生。就是——不管我們的敵人在任何勢力包庇之下，我也進攻到底，追擊到底，而把敵人完完全全消滅掉！

——張天翼，八月十四日——

在我們閘北的前線上

哈囉！轟炸機上的「日本先生！」你不曾打中我們啊。我告訴你：卽使你慣於低飛了下來，而施行着機關槍的掃射，但是，事實上，離開我們實在太遠了。在這裏，我們依舊是安然地坐着。你不看見一個中國的戰壕裏，我們正跟着中國的戰士們並肩談笑嗎？

轉折地行軍於滿佈着鐵絲網和沙袋的鳥道中，我們從愚園路折入了白利路的華界。說也奇怪，我們却來到了一個比較公共租界的邊區更加缺少軍事空氣的地帶了，在這樣，黃包車依然流通着，而路旁的居民也漠不關心於我們這些匆遽的過客之行進。天際是無邊的明潔，流雲疏落地裝點着。田裏還是一片青，農夫也未輟耕耨。眞是可珍異的和平景象啊，雖然離開這裏不遠的地方正展開着一幕大規模的屠殺，而這裏則還是擁有着那樣一個無變於常態的中夏之晝色。

我們的車子向着中山路進行，一直到豐田紗廠，也一些沒有戰爭的符號；不過可以使我們感覺到稍微奇怪的是，這裏發現了很多的旗，英國旗，美國旗，——但是不見中國旗與日本旗——迎風作聲，好像是在呼籲着：「別轟炸啊！」「別射擊啊！」

我們簡直丟不掉一種野餐的閑情，一直到越過了蘇州河邊的時候，這裏，我們發見了一條用沙袋構築的防禦工程，爲中國的保安隊所防守着。他們的邏卒是十分剛毅而活潑。當我們進行的車子被阻時，首先發現的是幾條橫舉起來的手臂，隨着是準備好的槍枝，而終於是他們走到了車旁來，當我們的職務被證明後，他們的臉上浮現出歡迎的笑容來，說了一聲「請，」我們就又安然地駛車前行。

過了一頂橋，戰神之陰影又離開我們而去了。鄉民們依然安謐地留居着。一切的買賣也沒有停止。黃包車，脚踏車，步行者，同樣是熙熙攘攘地。人行道上還有着正在嬉玩的孩子們，而成人們也依然沒有放棄其固有之勞作。他們簡直還好像是非常享樂於這裏的更多的平靜，而一些不怕戰爭的空氣的擾盪。

走近利源牛奶公司，被阻於一條深沉的壕溝，祇有着一頂「木橋」（就算是「橋」吧）作爲交通的要道。過此約五十碼許，祇有左面的小弄准許通行，而另一邊則被封鎖了。據說，這裏的防禦工程是在豐田紗廠的日軍尙未撤退時所築，而現在則顯然已無用了。

漸近通達眞茹之大道，我們遂憬然於戰爭之空氣的緊張。礮聲震盪在耳際，隆隆不息，路旁停着不少的運輸車，正準備着載運傷兵的工作。八十八師機車隊的官長們和士兵們，方自前方調回，也停留在這裏，他們一邊喝着茶水，一邊談笑自若。

他們之中的一個對於我們這一羣來訪者致其忠告：「你們最好是不要再前進了，或者就停留在這裏，或者轉路向瀏河那邊走吧！因爲這裏離開火線祇有一里路了！」他和藹地說。

但是，當我們堅決地表示了要上前綫去看一下的時候，他也就不再阻止我們了，「向這條路走去！」他依然指示了我們。

遵從他們的忠告，我們就在一個濃蔭下的小茶館之門外丟下了我們的汽車，於是，我們就步行前進了。在我們頂上，有三架日本的轟炸機正鼓翼前行，增加了我們的刺激的情緒。

那個引導着我們的士兵漠不關心地向前走着，我們也隨着行進，一些沒有被日本的鐵鳥所驚擾。

路中，那個士兵跟我們很親切地談起話來，」我們已有了很好的進展。」他說，「我們應該感謝我們後方愛國民衆所給予的熱情之供應與鼓勵。我們大家都願跟日本人拚命，我們相信惟有抵抗的戰爭才是我們的生路…………」

也許我們是講得太多了吧，我們頭上的日本飛機一定已經發現了我們了。（「……嘿！兩個穿西裝的朋友，由一個中國兵士伴同着，正向前面的一個村落裏走去，一定是一個好玩意！」）於是他們急轉直下地低飛了下來，機關鎗開始響了，那噠噠噠的聲音破壞了我們之間的會談，使我們大家都俯伏了下來。但見那飛機是旋轉着又旋轉着，胡亂地發放着他們的機關鎗，然而，非但一些沒有收穫，却反而顯示了他們的技巧之拙劣。我們實在也不容易是他們心目中的「好玩意」啊！

對於日本飛機的盤旋不已的動作，我們簡直感到憤恨了！正像一羣雛雞，得要用心來躲避那空中的餓鷹之襲擊。於是，一個隱藏的屋檐下做了我們的避難的處所。十分鐘過了，十五分鐘過了，而那隻餓鷹還是盤旋不去，好像一定要獵取一些東西似的。我們也不管牠了，同屋檐下的別些鄉民們低低地談了起來；從他們的談話裏，我知道他們大家都喜歡那些勇敢的兵士，而且大家願意盡力來給予幫助；在他們的心中，還沒有忘記「一二八」時所身受到的敵人的殘酷的行爲，因此，他們也希望一個痛快的復仇。

「沒有危險了！」那個兵士終於這樣對我們說。可是我們走出屋檐下的時候，那些日本飛機雖然已經離開了我們的頭上，而在並不遼遠的地方，他們正到處丟下一鐵蛋，」爆炸的聲音明晰地可以聽到；而大礮也開始發動了。我們再前進了幾步，機關鎗的聲音也流入耳中來了，卽使是在一個相背的風向下，那聲音是非常激越而親近。

那個兵士又驚告着我們：「現在我們已經十分接近着最前的火綫，當心些！」可是，他雖然這樣說，而他自己却顯然並沒有絲毫變更他的神態，鎮靜地，自然地。

「唔！眞好！」他說，「我們早習慣於這種環境的！」

穿過了一排沙袋與一條戰壕，我們終於越加走近火線了——這是最接近火線的一個地方，從來沒有一個新聞記者被准許到這裏來過——在這裏，我們好像是處身在一間方形的地下室中，而環響於室外者則是連續不已的一串串爆竹之聲。

當我們問及「近況如何」的時候，有一個兵士便回答說：「此地沒有麼動靜。」

「你們怕日本飛機去炸彈麼？」我又問。

他們簡直是亂丟，目標一些都不準。你看，他們的飛機是飛得多麼高啊！他們很怕我們的射擊呢！」那個兵士回答着，帶有一串可愛的微笑。

稍稍停留了一些時，我們便退了出來，經過了幾條轉折的鄉間的阡陌，直向××師的司令部中去。

師長不在司令部中，他們說已經親自上前線去指揮作戰了。招待着我們的是一位副官長，他向我們講了不少值得感動的談話。

「……對於日本的侵略者之抗戰，我們的力量是不幸地被減損於日軍之利用着租界區域爲後方。假如我們不是爲了我們的政府保護外僑生命財産的命令而因此必須有一個制限的話，敵人早就可以被驅逐。

「……我們是爲了保衞國家，保衞民族而戰，惟有堅決的抵抗才能給予日本的無襲的侵略以一個有效的教訓。

「……我們得感謝全國民衆所給予我們的支持，抗戰雖然是我們應盡的天職，面民衆的熱誠而後援則使我們更加感奮起來。」

副官長給我們展示了一張詳細的戰線的地圖。他告訴我們閘北楊樹浦之綫是由八十八師擔任，而楊樹浦劉河之綫則由八十七師負責。

他又繼續說下去：「唔！我們也有不少的高射砲，但是，我們不願意經常去使用牠。因爲我軍所防守的地域很廣大，我們不能使高射炮的射擊無意中指示了敵機以何處爲我軍的重要區域。敵軍的情勢是不同的，他們祇有很狹小的一塊地方，而且又鄰接着租界，所以他們容易防衞，而我們的空軍就必須作要十分冒險的襲擊。

「……敵軍很畏懼我們的炮火，因此，他們的飛機就常來尋覓我們的炮兵陣地而企圖加以轟炸。可是，他們是從來沒有獲得效果，他們所給予我們的損失常祇是一些無關緊要的東西。世界大戰給我們不少的教訓，而我們也充分地受適當的訓練……」

在我們會談的時候，我們又聽得了日本的飛機的聲音。但是，在這裏，絕沒有一個表示驚動的人，同時那副官長也好像始終要讓我們的耳朵聽取他的談話，而不讓我們，分心到日本飛機的蹤跡上去，他對我們說；「很安全，你們放心！」

「敵方宣傳說我們損失甚鉅，其實是絕對不確的！我們的兵士雖然非常勇敢，人人抱必死之心；但是，不必要的犧牲是從來不幹的！反之，敵人所遭受的打擊豈止我們的一倍？」

我們所看到的中國軍隊的道德精神是非常高超的，無論在戰線上或者在後防上。他們參加這守禦上海之戰爭，都自以爲榮耀。——而且其中的一部分是「再度劉郎」了！五年前，「一二八」之役中，他們已得到不少良好的經驗。

——秋士、節譯自英文大美晚報——

目擊的英勇戰

在熱烈的歡迎聲中，一位受任大美晚報的排字員，新近參加戰地工作服務團，從吳淞前線歸來。他親身見到火綫上我軍的英勇戰略，有聲有色地講着我們愛國健兒在前綫的堅苦奮鬥，一羣歡迎的同志都覺得故事的十分動聽。下面記述的，就是他本人所講的話。

「不必恐怕，我們的國軍謹愼沉着　很够從容抗敵，終難使侵略者得逞！」他興奮地開始講着。

這種論調，可以說完全他在前綫實地所見的經驗。他在星期五的晚上，目覩蘊藻濱的一塲血戰，是役也，吾軍以三百人竟摧殺頑敵五六百人之多。他再繼續的講；

「假使日本不用飛機來轟炸，我們是不會有什麼死傷的。因爲當時的敵軍，已經要給我們殲滅殆盡了，敵人還要硬緊掙着他的面子，就用飛機來掩護他們的殘軍，掉下了十個炸彈，幸而結果只有一個命中的，我軍就死了百餘人，傷了八十人。」

這位報館的排字員，現在是在前綫協助中國軍隊，裝設電話，和料理別種通訊事務，他實在是一位自動服務的前綫通訊員。所以他闡明地說：「爲什麼我們要担憂，我們都要一致來反抗擊攻我們的敵人，挽救我們的祖國！」他又講道：

「在星期五的烏黑之夜，中國軍隊的前綫相距敵軍的陣地，不過三分之一英里，中間正隔着一條淞滬鐵路。大約在八點鐘的時候，據中國軍隊前哨的報告，知道敵軍已在企圖進攻了；當時就立刻發了一個命令，很神速的我軍撤後了一英里，掩藏在壕溝之中，預備給侵略者一個致死的猛擊。起先我們知道只有一百二十個敵軍進攻，不過在我們陣地八百碼之外，逡巡不前；後來，他們的援兵來了，一起變了五六百人，大舉進攻，但是到了某一地點轟然一聲，我們所埋的地雷都炸了。等到有幾個知道事情不妙，預備逃生的時候，吾國軍隊早有準備，排槍如連珠的送了過來，在一小時中，這全部敵軍，都很痛快地解決乾淨了！

「吾國軍隊的作戰，是非常鎮靜的。他們使用排槍機關槍和鋼砲，都毫不張惶，從容不迫地，眞是富有經驗的人。

「在一小時過後，敵軍又開到了一部，大約有一百多人，槍砲相應，兩方作戰達兩小時左右，最後，敵軍後退了，死傷了一次部份人。我軍仍回到了鐵路之西，堅守我們的陣地。」

末了，他又申訴着他自己參加戰地服務團的經過：「我是中國人，當然我應該為國服務，但是我家中的人都不許我去執行那種工作，當時我就向他們說，我是決不會上火綫去的——雖然這是一句謊話，但是我除此之外，實在無計可設了。現在我們已經都回到了我們的職位上，從此可以從心所欲，做我應做的事了。我很羨慕軍隊的生活。以前我也曾在上海電話公司服務，所以裝接電話，較有經驗覺得擔任此項通訊工作很為適宜。」

——王孟——

到浦東去來

一

汽車在公路上跑着，沿途多有軍事的設備。砂囊的堆積，代替鐵蒺藜的樹枝的縱橫，那樹枝是臨時從路旁的雜樹斫伐下來的，但樹葉早已枯了，那提醒我們的戰爭事自發動以來已經經過了十天。

沿途隔不多遠便有站崗的兵，但汽車頭是張貼着有「滬警車輛通行證」的絲毫也沒有阻礙。汽車以一小時五十邁爾上的速力奔馳着。

路旁綠色的田地在烈日光中雖然有點倦容，然而依然是帶着和平的風貌的。農人擔着農具在路上走，水牛拉着水車在草棚裏轉。清風不斷地從車窗孔襲來，那是上海市上所不能有的風。

同車的Y君說：敵人的飛機該不會投落炸彈下來吧？

另一Y君說：那可保不定。

然而天上是沒有飛機的，地上也不見有落過炸彈的痕跡。

跑到了黃浦江邊了，上海各界抗敵後援會有一批人要往前綫去慰勞，須得等着他們一同渡江。

渡口是一個小市，（地名我在這兒却不便寫出，）臨江的街邊多飼着一些白毛猪，被圈在竹欄裏，有些猪四蹄被綁安靜地睡在石面地上，沒有竹欄，臭氣在和風作頑強的抵抗，更有蒼蠅作後援。

等了有二三十分鐘的光景，慰勞隊的人分乘着兩部汽車來了。另一某君告我，裏面有杜月笙，錢新之，宋子良，吳開先諸人。

渡船尾上插着一枝小白旗，寫着「擺渡第十一號，船主王柏亭。」

江水呈着沉悶的灰黃面孔。

渡江又分乘了三部汽車，有一部渾身塗了泥，和黃浦江邊的肥猪色相彷彿，自然是避免敵人的煙幕，否，泥幕了。

又是一趟一小時五十邁爾以上的兜風。沿途的人家多塗成了灰色。有一家前面豎立着一個怪物。那是一根一人高的圓柱，全身汚黑，頭上插着些枯了的樹枝。我疑是避邪的有關民俗的東西。然而同車的Y君畢竟比我聰明。

——那個gasolinlpump，你看！他這樣對我說。

原來那紅色的汽油吸筒爲避免敵人的視線也變成了那樣的一種奇怪的「它怖」(bn)了。

終竟到了向華所駐紮的地方。

二

向華是張發奎的號。他是我們北伐時代的老朋友他現在是在浦東指揮着滬浙區的前綫的軍事的。

我從日本回國不久的時候。他曾由嘉興來看過我一次。並約我去遊南湖，眺那兒的煙雨樓：因爲他的「蘇浙邊區綏靖公署」是設在南湖邊上的。

向華又說日本兵是眞怕死，凡是在浦東上岸的兵，一遇着我們追擊便四處逃跑。你東打，他西逃，你西打，他東逃，結果是逃得快一點的都逃回軍艦去了。現在浦東岸上已經沒有一個敵兵。

慰問隊的人有的問向華究竟需要什麼東西，凡是有什麼需要都請告訴他們，他們便立卽備來。

向華說：我需要日本兵拿來給我打，請你們多多給我備來。

這說辭眞是機敏，說得大家都發出大笑。

向華最得意的是他所指揮的炮隊，炮火眞是準確，凡是浦東沿岸的日本人的碼頭堆棧全部打得一個精光，我現在由東至西的把那重要的名稱揭在下邊。

三井煤炭下碼頭
日郵船碼頭
川崎船渠
岩崎用地
上海製紙公司
日華紗廠
大倉碼頭
日清碼頭
三菱公司碼頭

這些都是日本人重要產業地，據說單是三井煤炭碼頭的煤炭已經就有萬萬元以上的價値，日本海軍多是從那兒取煤用的。前幾天晚上我們由外灘遙望浦東，見四處都起着猛烈的大火大有「火燒連營八百里」的形勢的，便是這些地方的堆棧的火葬了。

三四十年的經營一旦化爲灰燼，日本的資本家中據聞有因而而自殺的。但是這種怪得誰呢？縱容軍人，使他們跋扈飛揚橫暴無恥的，不正是日本資本家嗎。自己養的猛犬發了狂，回頭被他咬了一口，這正是作孽自受。

向華很得意，他說，雖然敵人不够他殺，但有敵人的產業够他的炮轟，他是死而無憾的。

好個可愛的向華。

慰勞隊的人先走了一步，有幾位是回上海，有幾位是往杭州。

我們走得稍微遲一點。向華有意思留我在他那兒多住一下，他說，有一家很宏大的西式房子可以供我住，設備一切都完全，洗澡間不用說是有的。

向華知道我喜歡洗澡，他特別提到洗澡間上來。是的，假如有人要處我以死刑，在刑行之前更允許我說出我最後的希望時，我一定要這樣請求，說：請爲我打一盆清潔的水，讓我入浴一次，然後把我處死。

聞着別人的汗臭，實在比聞着綠氣還要難受。

浦東，據說，敵人是沒有膽量上岸的。揚子江南口自徐家路鎮至白龍港的一帶，水深，船易靠岸，敵人屢次在砲火的掩護之下企圖登陸，但都被我們擊退了。

想到上海還有許多事情該做，還有許多朋友不好別離，浦東雖然值得留戀，向華待我雖然有特別的厚意，但我依然登上了歸路。

在臨別時向華懇切地對我說，你隨時來，我都是歡迎的，這兒可惜沒戰打，只是消息要比較靈通一點。

他這句親切的話却給與了我樂於成爲炮灰的勇氣。

路上依然有悠閑的農人，水車棚裏依然有水牛拉着車，滿孕着清風的汽車又把我拉回了飛機與槍炮在空中奏着音樂的上海。

——郭沫若，八月二十五日晨——

前線歸來

一

從楊行回來的晚上，因爲已經十一點多鐘，寓裏的熱水管已經停了，便打開冷水管子來洗了一次澡。因爲疲倦又感覺燥熱，便照例開着南窗便睡了。

睡得很舒服，深熟，醒來已經是第二天八點鐘。像這樣深熟的睡眠，回到上海以來，是不曾有過的。然而我的素來不甚健全的腸胃却囉唣了起來。自己是學過醫的，便給它個飢餓治療整整餓了兩天，到第三天上，在附近友人家裏，才開始吃了兩餐稀飯。身體相當委頓了下來。

楊行回後的第四天是九月初七了。清早一位洪君走來。他說，××有信給杜君，要請我到××去商量點子事情，不知道我願不願意去。如願意去便把杜君引來，叫他設法備汽車。

「××」是現任江防總司令××的號，和他自武漢一別以來已經十幾年不見了。我是很願意去和他見一見，但又不免顧慮了一下自己的身體，餓了幾天的身體再來長途奔馳，不知可否吃一下。但這樣的顧慮却只是一瞬間的事。可以說我的大腦皮質上的某一部分細胞正在這樣躊躇的時候，而另一部分的細胞已經命令了我的喉舌發出了聲來。

——好的，我去。你把杜君引來好了。

回頭杜君也就來了，約好晚間出發，他把汽車來接我。

二

晚上五點鐘由寓裏出發，轉輾地換了好幾次汽車，到了九點半鐘，才同杜君兩人認眞地由小南門向前途出發。

敵機不斷地來襲，沿途的市街都是熄了燈的，儼如一座死城。步哨是密接地布設着的，口令森嚴，眞有些戰地的風味。

原野中秋蟲淸列地叫着，天上有繁星羅列，正是銀河汎濫的時候，然而夜景却很朦朧。隊伍的調換，卡車的來往是很頻繁的，有些地段，公路的兩旁爲一上一下的士兵騾馬蟻接着，使汽車向前開駛，十分費力，所謂「偉大的時代，」「神聖的戰爭，」那些語彙的意義，到這時候，才眞切地感覺着。武裝着的同胞們是以自己的血，自己的肉，來寫着我們民族解放的歷史的。坐在汽車裏不知不覺便慚恧起來：自己有什麼德業，公然敢坐汽車？

而且這汽車還得聲明，是商團私向人借來的，並有四位戴鐵盔的商團護衛着我們。「精誠團結」的話，在口頭是講說過，在文字上是看見過，如今是身受了。

自己所愁着的身體，爲興奮，慚恧，感激，種種精神上的活動所飭勵，鞭撻，鼓舞，却反轉振作起來了。病不知躲向了何處去，飢餓也隨着它脫離了我們的身體。

汽車跑了多少時間，經過什麼地方，在這兒我都不好寫。在這兒我深切地感覺着文藝的功利性了。所謂「有什麼話寫什麼話」的那種話，所謂「爲藝術而藝術」的那種藝術，在平時聽起來倒很像是自由而高尙，然而到了戰時呢，唉，自己把尊容露出了，只是——漢奸。

三

到了目的地點了。探問起來，××却是上了前綫。因爲是在夜間不願意使人麻煩，不願意擾亂戰友們的寶貴的淸睡，我便提議着就在汽車裏過夜，大家也贊成了。

在汽車裏過夜，雖然逼窄得一點，實在十分舒服。因爲我們的士兵多是在街頭巷口，公道兩旁的地面上過夜的。坐在上海租界裏過着樂園生活的人，如要想像士兵所過的生活，只消把前幾天滬戰發動時的一幅難民流離圖復活在眼前就够了。

在清涼的朝氣中醒來，看明了所睡的地方是街道上的一片隙地，有株槐樹罩着，下有一潭的綠水。正對着的另一街側是一家做豆腐的人家，已經早早開門在做工作了。

杜君叫我去吃點豆漿和油條，我走進店裏去時，店中的主幹是一位穿件鐵布衫的六十歲以上的老媽媽，細長的身裁，細長的面孔，精神十分活潑，動作異常靈敏，在年青時一定是美好過來的。她的助手是一位四十來往的媳婦，那人却矮而向橫的空間發展，面孔忠厚，是一幅隨處可見的村婦典型。還有一位十六七歲的小姑娘，大約是老媽媽的孫女吧，面貌和身裁是第一代和第二代的折半。這位姑娘穿的一件黑色人絹的短上衣，白色的褲子，是十五年前的上海已曾流行過的裝束了。現行的長裾短袖，和西洋衣服相差不遠，而中國女子的體格却還有建設得起來，已經看得有點令人生厭，看見十五年前的古服倒也覺得也還本色而脫俗。姑娘面上有點雀斑，敷着一層薄薄的粉，快要脫掉「無嫌猜」的境域而尚未脫掉的一切的表情和動作，不錯，是很可愛的。

這兒的人情，就和這兒的空氣一樣，大和上海不同。上海市上的人是失掉了清晨的，也可以說上海市上壓根兒便沒有清晨，儘管你就在四五點鐘的時候起床，都隱隱有一股炎熱氣襲擊你。人情呢。也相差不遠。然而，這兒的人，却和這兒的清晨是一樣。

老媽媽叫小姑娘替我打水洗臉，磁盆，溫水，面巾，都相當乾淨。我自己是有點潔癖的人，但絲毫的忌避意也沒有生出。

一大清花碗的豆漿，兩根油條。問要白糖，白糖沒有。

我的經過了一番飢餓治療的不健全的腸胃，跑到鄉下來，又算是經過了一番轉地治療，覺得一點也不囉嗦了。純粹的豆漿勝過上海市的所謂「牛奶。」

我吃完了。杜君替我付了錢，但老媽媽說不要媽媽說不要，小姑娘也說不要。不過，我們沒有讓她們不要。我們走出了店門。應着杜君的提議，便從一條側巷插向原野裏走去。

四

禾稻已經是達成熟的時候了。

看見玉蜀黍，動了食思，玉蜀黍是我最喜歡吃的東西，鮮嫩的玉蜀黍無論燒食或煮食，但千切不要塗醬油或白達，那滋味實在是够人領略。今年一直還沒有得到吃這玉蜀黍的機會。

荒野上開着一片野生的牽牛花，都是一律的藍色。這花是只知道有淸晨，不知道有炎晝和黑夜的，一萬個淸淨的小小的喇叭，齊向着天空吹奏着朝頌。

一道小河，水是活的。一羣細長的小魚，長可二三寸，在離水面不遠作集團跳舞。那活潑！那歡喜！

我看見了荷花，看見了開着各種花樣的美人蕉，看見了開着白花紫花紅花的紫薇，看見了我所喜歡的大山林，但花是開過了的。

不期然地遇着了司令長官×××。文章在這兒寫得很突兀，但事實在實際上更要突兀，恕我待日後再自行加註吧。十年不見的老將軍，磅礴的氣概依然不減當年。被他留着又吃了一頓早餐。大餅，油條，白飯，米湯，炒雞蛋，煮雞蛋，蛋花絲瓜湯，小青菜，此外還有三四種素食，我老實不客氣地向我的囉唣了幾天的肚子裏儘飄。讓我成爲一顆爆擊彈吧！轟的一聲把我自己轟成灰。

坐了一會，打算再去看××。問到×將軍近來有詩作沒有，他答應說有三首。我說，可讓我拿囘上海去發表？他說，好的，看了××後請再來。我們也就辭別了。

眞眞是有點出其不意，凡是武裝的同志，認得我的人，不知道何以那樣的多。在街頭迷失了去向，向過路的兩位武裝同志問路，原來又是認識我的人。由他們把我們引到××那裏，剛剛走到門口，轟隆隆地飛機來了，是敵人的。引路的把我們引到葡萄架下伏着。

轟隆……轟隆……轟隆……

連炸了二十幾聲。

五

××不在，但他的去向連他的左右都是不十分淸楚的。

遇着了個那兒的一位副處長，是從前北伐時在總政治部裏做過事情的人。他聽說我病了幾天，又聽說我昨夜是在汽車裏過了一夜，便很關切我，說：怕身體吃不下，請在他的帳子裏休息一下。

那是一家逃難走了的人家，據說逃走得似乎十分匆忙，連床上的蚊帳都沒有下去。我感謝着朋友的厚意，實際上也有些疲倦，便把帳子放下拉長了起來。睡得怕有兩刻鐘的光景，醒來之後，意趣倍覺閑適。看見房中有一部「唐詩合解」順手拿來翻了一下。

長條的花格門窗外有一個小小的天井，地面是用磚頭豎砌成的，但從那磚縫之間却迸出了一些鳳仙花，雞冠花來，又有一個小花壇，栽有些不知名的草花。幾盆秋菊尚未蓓蕾，有些憔悴的意思。有微風吹得花草搖動，有淡淡的一抹秋陽，花紅得有點寂寞，草綠得分外謙虛。自己便走到書案旁去，就案頭的紙筆寫出了一首五律。

「雷霆轟炸後，睡起意謙沖。庭草搖風綠，墀花映日紅。江山無限好，戎馬萬夫雄。國運昇恆際，清明在此躬。」

把詩寫好了，又在後邊寫了一段小跋：

「在×遇敵機轟炸，於明遠帳中午睡片時，醒來見庭前花草淡泊宜人，卽興賦此。」

剛寫到這兒。明遠在外室看見我已經起床，便走了進來。

——哦，在做詩，就給我吧。他這樣說。

——好的。

我於是在小跋後又添了幾個字：「用贈明遠同志。九月八日。」

明遠，不用說就是那位副處長的名字了。

明遠是看過我的「從日本來了」的，他問我：夫人有信來嗎？

我回答他說：前月二十一號有信來，以後便沒有了。

——生活沒有問題嗎？

——暫時還可以敷衍得過去，不過日久便沒有把握。

說到這個問題。自己實在是有點渺茫。

六

不一會，××遣人來請我們，看見他的時候，才知道他到×××那兒去來，我們剛好錯過了。

在一張鋪着軍用地圖的方桌上圍坐着，細密的地圖用紅綠各色的鉛筆畫了許多的直線曲線。

××案着地圖對我們把前綫上的情形詳細地說了一番。據他說，我們不如敵人就只是飛機大炮，假如全靠步兵衝鋒，那敵人是毫不足畏的。

但這所缺乏的飛機大砲應該如何補充，我是略略想了一下，不過我沒有說出口來。因爲××是軍事專家，而且是在軍事上負責的人，我想就不待我說，在軍事上的當局一定是已經有了籌畫的。

最使我感動的是××說出來的主張是「屢敗屢戰」，我見×××的口吻完全相同，我前月在××見着××時，他也這樣對我說過。這，我覺得是每個軍人所應該抱的決心，也是我們每個人民所應該抱的決心。要有「屢敗屢戰」的精神，我們才能够抗戰到底。

××問到我有什麼意見我略略把自己見到的告訴了幾點。

第一我覺得我們的後方工作應該化整爲零，應該多設醫藥站，伙食站等，並隨時移動，以免敵人轟炸。

第二我覺得軍中的政治工作應該趕快復興起來，民衆運動應該從速開放而加以組織，如此才可以鞏固我們的後方，剷除漢奸的根蒂。

第三我覺得全軍應該速施防禦霍亂的注射，因爲霍亂在上海已經有流行的傾向。

第四我覺得軍中應該多備日文宣傳品，由我們前綫的兵士及飛機師投散於敵人的陣地，以勸告敵人的士兵，覺醒他們的迷夢。

第五我覺得軍中應有一種統籌全局的「戰報」，以聯絡各軍彼此的消息，以傳達正確的戰訊於人民，並以保存這次神聖抗戰的紀錄。

此外也說到難民移殖的問題，產業遷徙的問題，發動國民外交問題，××都一一命人紀錄了下來，據他說，他要把我所說的要點打電報到南京去。

他交了×將軍的三首詩給我，說×將軍向我致意，他已經回南京去了。

他又說，前綫戰事很順利，爲指揮之便當晚已決定全部往前移動。移動的地點，他雖然向我說明了，不用說在這兒是不好寫出的。

××陪着我們吃了中飯，我們，至少我自已，感受着滿腔的快意，乘着來時的汽車，又回到上海。

——郭沫若。九月十三日——

郭沫若談軍中故事

——我軍神勇給敵兵重大威脅——

——小漢奸爲了五角一元賣命——

郭沫若氏應張發奎將軍之邀，日前又兩度赴前線歸來，據談：他在軍中，聽到關於漢奸及敵軍可笑的故事極多。一次，是張治中氏告訴他的，說：我前綫士兵，曾在敵軍陣亡的某中隊長屍身衣袋中，發現其尚未寄出的家信一封，（不料終於成了遺書，）內容詳述其出征經過，大致謂：「此次自抵滬後，卽被調登陸，已與中國軍隊，發生接觸，但中國方面戰鬥力之雄厚，士兵之神勇，則遠非初料所及，是以在草此信時，同隊之一小隊長，一中隊長及一聯隊長，均已陣亡，現自已雖倖免於難，然對作戰前途，殊覺渺茫！」按該信原稿，仍存在我軍司令部，俟有適當機會，張司令並擬送各報披露。

又一次，據張發奎氏親自向他說：軍中最近曾捉獲一個漢奸，年齡只有十七歲，據他供出：他是由大漢奸給他三塊錢，要他一次拿了二個炸彈，去破壞我軍工事的，不過因爲炸彈太重了，他拿不起，只好回家，先問問母親，要不要答應這回事，結果，他的母親，將三塊錢拿去作生活費了，他嫌三個炸彈太重，拿來後只好偸偸地抛了兩個到黃浦江，留下一個，因爲怕炸傷自己也不敢放，後來就將它送到了一隻無人駕駛的空船上，想聽其自然地去爆烈，也許好些，殊不知正行事間，竟被我士兵碰上了，就把他帶到軍中。後來張將軍知道他是爲了生計，逼不得已，而被敵人利用去做漢奸的，並沒有將他治罪，反而命人每餐給他飯吃，使有自新的機會。他終於不打自招，把他所知道關於漢奸的組織講了一些。他說敵人總是用大漢奸收買小漢奸，做大漢奸的，有的可拿一百塊、二百塊、十塊或者五十塊錢，好像包工式的，然後由他們分錢給小漢奸，雖則他是爲了三塊錢去作漢奸的，但也有十二三歲作漢奸的女孩子，只能得到五角或一塊錢。因此，當張將軍談到此事時，深感到中國人民生活，因受帝國主義者的剝削，窮困到忍無可忍，以至不得不去作漢奸，這是很可痛心的！但唯一消除漢奸的辦法，自然除了用軍事的力量抗戰外，是必需民衆自己加强訓練，嚴密組織，這樣，才好使漢奸的組織無從存在。

末後，郭氏附帶告訴記者：自從他離日來滬後，多半的時候，仍是在繼續寫作但日人爲欺騙民衆視聽起見，是無所不用其造謠之能事的，最近他接到他的夫人來信，知道在八月底，敵人竟在其本國，用無綫電播音，說他帶了五萬兵，和中央軍聯合在上海前綫作戰，那般無聊的刑事們，藉此便一天到他家裏去兩三次，監視他的夫人和子女。

就上所述，我們可見敵人是如何無恥之極！

——立報——

前線將帥

午後層雲蔽日，陣雨阻途，我英武之空軍甫自西北結隊騰拏而來，穿雲冒雨，飛向敵陣，將謀完成其神聖的民族抗戰之使命。機聲軋軋，掠頂而東，一機前導，餘如雁行，勃勃雄姿，令人興奮。記者竊思中國創建空軍時僅數年，卽已大露頭角，足禦強寇，而在甲午以前，海軍實力較日爲優，徒以將帥偸生，黃海會戰，一旦顚覆。四十年來，人進我退，迄無建樹，五年前「一二八」之役，及此次「八一三」之役，暴日均以海陸空立體戰術，向我肆虐，而我報之者，在前役僅有血肉之軀，戰敗屈辱，當然之事。現役中陸軍之進步，已使敵人驚異，空軍之精銳，尤令敵人喪胆，而海軍始終不與。記者固知海軍實力，敵我懸殊，什一之比，然在以國爲注之大時代中，如爲瓦全苟安，殊辱軍人天職。但記者深信海軍將士愛國決不後人，終有報國之術，戚人×君，自幼卽受海軍教育，六年前留英返國，遇於江右，彼意新中國之海軍，陳腐艦舨，早不堪用，欲求充實自衛力量，當謀潛水艇驅逐艦之大量建造。此語果獲實現，何至今日敵艦縱橫，升堂入室。試舉「出雲」一艦爲例，謀炸之難，卽已如此，使人更信海軍在戰爭上之價值。蓋不能阻敵人於公海，而欲禁敵人於國內，不易難乎？說者每謂我無侵略之圖，又非工商之國，況值民窮財盡之際，欲建龐大海軍，實無此力。如有此力，應用於陸空兩軍之充實，期能自衛，此說亦有至理。當記者思潮起伏之際，此行之目的地已達，由衛兵之接引，在一茅舍內會見立於前綫之我軍將領孫元良，馮聖法兩將軍。承其延見，並述戰事經過甚詳，擇其可以公表者，記之如左。

馮副師長在「一二八」戰役中，曾任八十八師五百二十三團團長，廟行之役，受傷甚重，痊愈後以功升任現職。數年來國仇私恨，宜其勇敢逾恆，但馮氏之鎮靜的態度，系統的思考，令人一望而知爲一優秀之將才。年齡未逾不惑，其作戰經驗極富，爲專攻步科之黃埔軍校第一期第二隊出身。馮氏首述八十八師黃梅興旅長殉國之事，因其同窗情深，至爲悲悼。黃將軍十四日奉命沿江灣之綫，向持志學院之敵突擊，在敵軍猛烈礮火下，奮不顧身，卒將敵陣摧毀。下午四時，正以電話向師部報捷，而敵彈橫來，炸中腹部，遂至隕命。孫師長接話未畢，遽爾中斷，知必有異，而殉國陣亡之報告踵至矣。晚間其遺體業已安運後方，忠魂寄於國土，黃氏之死可謂不朽。馮氏慨述黃旅長之一生，謂以「勇敢忠實」四字可以包括其爲人行事。馮氏續語記者，閘北江灣之敵，被我連日痛擊，死亡極多，我軍傷亡亦千餘人。八字橋一地，敵以坦克車衝鋒，得而復失者數次，此激烈之火線終為我軍佔領。本午我軍已由愛國女學，粵東中學進擊，對虹口公園作包圍之勢。足下返滬，或可聞及攻克之訊也。予等語時，正值敵我空軍在上空作戰，機槍潑潑，震耳欲聾，馮氏笑邀記者相偕赴其後園觀戰。師部四周堅固工事，赫然在目、予等撫松欲竹，極目雲表，則見高空中我機正由敵高射礮圈中，脫穎而出，上下升沉，迂迴作九十度角之飛行表演。我機漸遠，敵機三架突作側飛，擲下六彈，火煙頓起。侵略者如此殘酷，除報之以鐵血外，實無可理喻也。

孫師長公務甫畢，亦趨入後園，握手寒暄，記者咋日未及識荊，留友人書而返，孫氏卽首以此事致意。在軍務倥偬之際，猶能憶此瑣事，其精細周到，迥異常人。孫氏為「一二八」抗日名將，時任八十七師二百五十九旅旅長，廟行之役，屢建大功，近年駐防蘇省，地理形勢，早有成竹，此次復立國防前綫，一週來宵夜勤勞，而精神渙發，佩中將領章英武之氣，溢於四表，孫氏復邀予等入室，指示地圖，歷述作戰經過，結以我軍士氣必持之毋墮毋餒，目前如此振奮，將來亦必如此振奮，堅持到底，何敵不摧。良以暴日侵我，數十年矣，現値歷史上之大清算期，我生及時，敢不努力。公忠衞國之志，令人肅然起敬。會談既畢，記者邀赴園中，合攝一影為紀念。此時雲開雨霽，復現白日青天，我軍飛機三架，成一八字，又向東行。孫氏對空軍作戰之英勇，極表敬佩，而民衆擁護軍隊之熱誠，尤為感激。記者告以閘特區同胞將赴前線慰勞之事，孫氏謙辭不敢，並謂現尚無功可賀，何能勞衆犯險。記者溫語告知羣衆現時心理。已認定祇要是抗戰，便應該慰勞，况我軍捷報頻傳乎？孫氏亦笑頷之。記者遂於槍礮聲中，興辭而歸。

——記者、八月十七夜——

浦東形勢和戰況

浦東之地，東濱東海，面對嵊泗列島，北連揚子，與崇明夾江峙立，西接黃浦，爲上海市之屏障。地形突出，有如半島，係川沙南匯與本市接壤之區。就軍事觀點而言，如於銳角之上置有要塞，可爲揚子江南水道之鎖鑰，今既無此設備，遂一變而爲腹背受敵之地，况敵航空母艦泊於嵊泗列島及吳淞口外，戰艦不斷在沿岸游擊，敵軍時有偸襲企圖，浦東實處於三面被脅之地。「一二八」戰役該地所以平安無事者，蓋敵於租界北區幷無大敗，楊林偸襲又告成功，故未重視浦東一隅。「八一三」抗戰以來，租界北區戰事敵人既受嚴重打擊，界內據點多被我軍摧毁，遂不得不擴大外綫於十四日以戰艦五艘偸襲瀏河，在該處既不得逞，乃於十六日轉向浦東方面進擾矣。

敵軍未攻浦東之前，我陸軍×兵××旅已奉命由××向該地增援，旅長蔡忠笏將軍之前鋒，以強行軍於十四晚卽渡江到達目的地。十六日在三菱、三井、耶松等碼頭發生遭遇戰。此時我僅步兵一團，炮兵一營，敵軍雖數倍於我，終被我築圍扼守，未能越出碼頭一步。迄晚我軍大集，施以猛攻，敵艦亦集中江岸，不下十艘，雙方炮火極烈，「出雲」以旗艦之尊，竟亦參加戰鬥，發射其二十生的之巨砲，以冀掩護陸上部隊。自是日起，我軍除以巨砲應戰外，復行白刃戰，岸上之敵，死亡枕藉，「出雲」尾部，亦被擊傷，敵軍始知登陸無望，遂又漸行放棄進擾浦東之計劃。至二十日止，將敵一概肅清。目下浦東情勢，除少數敵機自二十三日起，連日飛往偵察投彈外，我軍實控制優勢，居於主動地位。該地現有×師×旅兵力，均歸××將軍指揮。防務鞏固，治安無虞。但據記者觀察，敵在租界北區之據點既多破壞，又受我軍重大壓迫，攻既不能，守亦無望，放棄虹口之說，終有實現之日。吳淞一帶之偷襲，連日與我軍激戰，我當不致再蹈覆轍，讓敵人盤據要津，在我後方威脅。昨起已有×師兵力，向該處登陸之敵邀擊，江右之戰，日內定可分曉，江左已有××將軍統帥大軍，從事攻守。鎮江以上，敵又無從飛渡將來敵祇有以嵊泗列島等處爲根據而向浦東進犯之一法故十六至二十日間之戰鬥，或僅爲浦東之緒戰也。

浦東之地既已如是重要，而蔡將軍又與記者爲多年舊交，故於昨午（二十五）買舟東渡，面聆其說，以盡公私之誼。當在董家渡登八力車之後，敵機兩架即迎面飛來，低空盤旋，似在偵察我軍××陣地，戀戀不捨，去而復來，當高度不及一千公尺時，若開機關槍，則記者定作犧牲矣。田間苦無蔭蔽物，敵機將至，祇得下車避於阡陌之間者，不下十次，終見一機投彈，爆炸於里許之棉田中，塵土飛揚，農作物受損不少，幸未傷人，而我之高射砲，穿然怒鳴，彈火爆於空際，成爲白色雪朵，敵機始暫東去，旋又復來，如是擾擾，終於送我而達旅部之門矣。

蔡氏年逾不惑，精神倍佳，生平豪放，純一軍人風度。保定軍校出身，精於槍砲之學，待人接物，備極誠懇，數十年來，始終未離軍隊生活，其治事之一貫精神，有如此者。北伐之役，記者與之同隸東路軍，即知其作戰經驗，異常豐富。殆後錢慕尹司令警備淞滬又成同僚，氏即駐防浦東，今又重履斯土，立於抗日前綫，當可發揮所能，捍衛祖國也。

蔡氏聞記者至，趨出相迓，握手道故，殷勤可感。聞述浦東戰況，及日人殘暴行爲，即爲切齒，對於投彈燃燒民房，殺傷非戰鬥員等事，指爲忍心害理之獸行。記者以氏爲槍砲專家，又以南京路爆炸慘案之疑點爲問，氏斷爲飛機所投之炸彈，其最大理由即中日雙方目下均未使用如此威力之大砲，而可以同時殺害數百八者。記者又詢以彈道落點幷不作垂綫，投放炸彈亦有此可能否，氏謂可能，蓋投放之角度，空氣阻力，風向等關係，均不一定必成垂直綫也。

蔡氏生平之嗜好，惟在麯糵，故記者與辭時，詢以軍中有好酒否。氏笑曰無之。記者亦笑謂然則其待抗戰成功，予將在豫豐泰設慶功之宴，痛飲黃龍。其時或正菊黃蟹肥之時歟，相與撫掌而別。

——記者八月二十四日——

中國士兵的忠勇精神

在緊急的時候，爲了國家民族不惜犧牲一己，這是所有中國兵士的精神。在今天大美晚報記者和八十八師的幾個傷兵的談話中，更證明了這一點。

那些受傷不很重，還不需要送到大醫院裏去的兵士，都安放在臨時病房裏。大家都顯得很愉快的樣子，而且都熱望能再上前綫去作戰。對於領袖都表示絕對的忠誠，相信着最後的勝利必然是他們的。

把生命貢獻國家

甚至那些折了腿打傷頭腦的，也一點沒有痛苦的表示。在記者和他們談時，微笑還不時在他們臉上出現。他們之中有許多是經過許多次內戰的；但他們說他們從來沒有像這次這樣具有過決心。

「我從十五歲起就當兵，到現在已經是十八年了；從來沒有受過重傷，這囘我也滿不在乎，我願意把生命供獻給國家。」一個祇有三十三歲的老兵說。他是湖南人，曾在賀耀祖將軍領導下上過許多次戰塲，他是禮拜二那天在日本兵營附近一塲大戰中受傷的一個。他是信號隊的隊員，作信號是最危險的工作。他說他曾多次走入險境而僅以身免。

日本兵不足畏

他追述禮拜二的夜裏　他們在愛國女校附近，離天通庵車站不遠，日本兵突然衝來，他們幾百人嚴守着陣地，並向前慢慢推進。在日軍潰退中，他們已推進至距離日本營約三個國裏的地方，他突然在那時受了傷。他爬到近旁的小濱去。

「濱裏盡是中日兩軍的死屍，我們退回原防時，我趕緊叫喊，兩個兄弟把我救了出來，」他說：我並不覺得我腿的疼，直到在地下室中受第一次手術後才慢慢痛得很利害。

「日本兵並不像人們所說的那樣，雖然我們吃了他們炮火的虧，可是他們，總是叫我們給趕進他們兵營去。他們的兵營確實防禦得很堅固。」他說直到他受傷時爲止，這四天血戰的結果，中國軍隊在閘北和江灣的戰綫確有了很大的進展。

希望再上前線去

「我問他在這樣的血戰下，他怕不怕：他笑嬉嬉地囘答：「我一點都不害怕，戰爭未開始以前我有點焦急不安，打起來之後，我覺得十分安心了。」他接着說，現在他正在等着痊癒。好再上前綫去。

「我們的民衆正在各方面援助我們，我們相信最後勝利是我們的。」躺在這個老兵旁邊的幾個兵士這樣說。他們似乎有點疲憊無力的樣子，可是民衆們送來的慰勞品，水果，餅乾，香煙被分給他們的時候，他們又顯得很愉快了。他們都急欲看到消息最後的報紙。（譯目“Evepot”）

訪傷兵記

自從我們對暴日的抗戰開始後，我們一直抱着一種熱切的願望，就是能和我們的衛國親兄弟——軍士同胞——見一次面，握一次手，談上一次，我們每天都想到前綫上去看看他們的英勇的鬥爭，聽聽他們的親切的令人神往的英雄故事，可是我們終沒有能辦到。而這裏，差足滿足了我們這點私願的，便是昨天的某傷兵醫院的訪問。

由朋友伴領，到了某傷兵醫院，摸出名片，說明來意，立刻就被一個熱心的小同胞童子軍帶到他的隊長面前，徵求了許可，那隊長看上去像是一個經驗豐富而又細心的人，他雖然答應了我們的請求，却叮囑他的隊員說：「帶他們去，同時你可等在旁邊，聽聽他們的談話。」後來他似乎覺得這樣還嫌不够，當我們剛剛檢好一個傷勢較輕的戰士的床邊坐定後，他又親自走了來。

可是這種猜疑的空氣並沒有縹渺好久，我們幾個立刻就成了親密的知友，無顧忌地談話起來。

那和我們談話的戰士名叫向吉春，是××師×××旅×××團一連一排的兵士，他的傷創是在膝部。幸而敵人的機關槍彈沒有打斷他的骨頭，不然他一邊的腿非就此殘疾不可了。

「我們正在換防，敵人的大炮轟了過來。我們一連的許多弟兄都『掛彩』了。」我們的戰士說。

「實在，敵人也只知道濫開大炮！」我輕蔑地說。

敵人的炮火的確很猛烈的，有一次，我們一連正在防守八字橋的前綫，敵人對我們猛烈炮擊。幸而他們的炮彈每一顆都落到我們前面的河中去了，所以我們的弟兄，只有幾個受了頭額等處的微傷，不然早就全部完事了呢！不過這幾天我們的大炮也運到了，敵人倒是吃了更多的苦頭呢！」

那看來沉默寡言的武士，像是漸漸興奮起來了。本來平臥着的他，開始掙扎着想坐起來。這時，從他的包紮好的傷口裏，血又重新流出來。

那童子軍隊長和我連忙幫助他坐起，并且用被單把流血處紮好。隊長像是很抱怨他，說：「你自己不可以動。一動，傷口就要重新破裂呢！」

可是流幾滴血是決不能阻止那發了熱的武士的話頭的，他回憶地繼續說：

「從我們這次打仗以來，我們除了「前進」以外，還沒有接到過其他任何命令。我們只是反覆做着一件事，那便是衝鋒！有一次，我們在××地方，奉命去奪敵人的裝甲汽車，我們派出一連弟兄去，可是回來的却依然是一連，原來敵人已棄車而逃了。同日本人打仗，我們簡直唯恐不死。就是我受傷之後，本來也想留在火綫上繼續殺敵的，可是因爲他們看我傷在膝部，已經不能衝鋒，硬把我送來了這裏。其實我卽使掛了一點彩，依舊可以和鬼子拚一拚的呢！」

一抹惆悵的影子，掠過了他的臉部。我們暫時沉默了一回。此後那悲壯的勇士又繼續說：

「敵人對我們，什麽惡辣的手段都用得出來。他們還次又用有一種電槍。凡是吃了這電槍的，就要全身焚燒致死。喏，前面一隻床上的排長，就是中了電槍的。此外還有一種電炮，情形也大略相同。」

這時我突然想起了有一些報紙上說是前方缺乏糧食的記載。把這事問他。這時童子軍隊長替他回答：

「這事我很清楚。那完全是輸送的問題。我在我這裏服務以前，就在前方擔任過輸送。時常，我們接到某地需要食物的電話，我們便連忙把食物送去。可是等我們送到那裏，却不見一人，原來早已又衝向前面去了。而我們，又不能跟着送到他們衝鋒的地方去。於是他們就要常常餓肚皮了。」

接着，我又問了那戰士關於我們前方的戰情，可是因為地理的生疏，他只能說是前進了不少，而不能給我以明白的回答。我摸出袋錶一看，時候早已超過了規定的探訪時間。因為不願擾亂極度需要安息的戰士們的睡眠，我們連忙和我們所訪問的戰士和那親切的童子軍隊長陳君道別，辭了回來。

——士平——

傷兵醫院羣像

者了。諸希讀者原諒！

切切此令

「奉

院長諭本院人員不論醫師護士職員公役不得向傷兵探詢前方戰情如有違背查出立予開除不貸切切此令」

等因奉此，筆者雖非職業護士，然而此令既切切，祇有傷兵的「傷相」可以告訴讀者了。諸希讀者原諒！

門診室

救護醫院裏最不人道的事，莫過於傷兵抬進時的「問口供」了，傷兵從救護隊員或裹傷所送來時。都有過粗粗的包紮，這時，醫師與護士忙於重新包裹，打針，送開水餅乾：登記員却打起喉嚨叫：

「你姓什麼？

你叫什麼？

什麼地方人？

今年幾歲？

那一師那一旅那一團那一營那一連的？

什麼時候受傷的？

在什麼地點？

傷在那裏？」

這接連八問，在一個重傷人的喘着氣的口中回答出來，在非老於此道的我看來，簡直等於逼命。然而除了帶「傷票」來的，若不當時問清，死了如何報上去？登記員的心也許並不好受呢！

手術室

院裏人管手術室叫「開刀間，」不問可知那是個可怕的場所。醫生的手上帶着皮手套，嘴上蒙着口罩，那白色外套上的紅十字似乎就是血染就了的：醫士們說話都那麼輕，不像門診間那樣嘈雜，祇要看着那些剛手術後取下的子彈，砲片，折臂，斷腿，你就會不寒而慄！

「看護小姐，取子彈痛罵？」一個北方小伙子，一等兵，在抬向手術室去時問我。

「你別怕，一點不痛，醫生會給你上麻藥的。」天知道我在說謊。向病人說謊，這是醫生護士的義務，其實我怎不記得剛才那個開刀取炸片的老鄉的呻吟，「他媽的日本鬼子」那個咬牙的咒罵。這小伙子，前胸一個彈孔、子彈正在他的左肺裏，開刀也很危險，可是我不能告訴他。

D字

年紀很輕。廣東人，左臂穿過二彈，骨斷了，失血過多使他的臉色青黃，眼張得頂大，失神地看着前面。進過手術室，從腰間架起一個鐵絲架子，把左臂曲抬着，活像一個D字，醫生不許他睡下，讓他活動活動，因爲怕鹽水針沒有用。

「我這手臂會鋸去嗎？小姐！」每當看他坐着數分鐘外，我就去扶他起來在院子裏走走，那時他又問我這句話。

「醫生說可以復原的，你將來仍舊好打日本兵呢。」我爲他的這種忠勇的興奮感動極了。

「謝謝你同醫生，我還能够去殺小鬼，眞高興。」

中飯　他多吃了半碗稀飯。

高連長

院裏有一間特別房間，是預備重傷的官長住的，現在有一位高連長在。肩頭爲砲彈鐵片深入，手部大腿部亦傷；雖然重傷，從不呻吟一聲，兩目炯炯地，不大開口。典型的北方中年人；手傷了，洗臉，漱口，吃飯都要我們代勞。

「看護小姐，請你叫一個工友來。」那是他要解大小便我們知道他就是這樣一個不隨便說話的人。

他要看報，我們遵醫生命不給他看，他總是說：「求求你，小姐，你講一點戰情給我聽、我是有守土之責的軍人，我不能悶死在這病院裏！告訴我一點前方的消息吧，算起來這四天我們該把敵人趕出吳淞口了。我們要死在東京去。」

「高連長，你多多休息，不久就會好起來，那時候你又可以上前線去了。這幾天我們是節節勝利的，你放心。」這是醫生教我說的，我做了一次留聲機。

今天照過X光到手術室取出彈片，下午他倒安靜地睡着了三小時，醒來，問我：

「我幾時可以出院：」

右腿沒有了

「醫官我底腿骨斷了嗎？」純粹的山西話，從那個大個兒口裏發出來。

「等照過X光再告訴你。」祖醫師假裝不知道，其實連我們外漢都看出他的右腿比左腿短了些，骨、無疑是斷了，而且，救治時候過遲，（受傷已三天，）傷口都在出膿，恐怕得，截去才有救。

照過X光，決定了截到膝蓋骨下面。

「到手術室給你治，別害怕！」我要他別害怕，我底心却爲他底不幸在亂跳着。

送進手術室後，上蒙藥，開刀，我沒有見，過了三十分鐘，工友從手術室後門提出一隻血肉淋漓的人腿來，那紅的、白的、黃的露出的骨，我不禁作了一次噁心。

醒來。他發覺自己鋸了腿，大哭大叫：

「醫官小姐，謝謝你的好心。可是，我底右腿骨沒有了，好起來也是個廢人，再不能去打日本人啦，你不用服侍我能！」

（筆者寫完這段，此人已因中血毒而死。）

軍人魂

團附進院，有一個勤務兵，跟着他，這是較高的軍官的特權。他是二十六歲，湖南人，傷在左臂，腰間，不算重，脾氣很急，說一句話就得給做，醫生遲了一點來，他也要說：「你爲什麼遲來？難道你不希望我們快一點好了去殺敵嗎？」

護士，不，說他簡直可以駡。

到院兩天，勤務兵病了，瀉肚子，大概是喝了生水。很疲乏黃瘦了，團附喊他，他慢慢走進來。手掣着肚子。

「什麼鬼樣子！還配當兵嗎？」團附發怒了。

「團附，我的肚子不舒服。想想我做小生意，滿好過日子，當什麼兵，像你團附，好好的父母雙全的一個讀書人，憑空進了軍隊，現在這樣受傷，等團附好了我們回鄉去吧。」

「你這漢奸不如的東西！」他坐了起來，在包裹亂找，我一眼看見他抽出一把佩劍，我趕緊對勤務兵揮手要他走。

團附在床上跳起，我伸手給他攔住了。我說：

「你應當好好地安睡，生了氣不容易收口的。」

「小姐，你不知道，這東西多喪氣！我要殺了他，殺敵是軍人的天職，受傷也是我們的本份，回鄉去等做亡國奴？這佩劍，是校長臨別贈給我們的『軍人魂』，軍人怕死，我要殺了他給『軍人魂』血祭！」

恰好醫生走來，硬把他又按下去睡了。

坐病

救護車上董軍扶下一個傷兵，讓他在椅上坐下。三十歲模樣，很壯實的河南人，頭部同四肢都沒傷，可是呼吸異常困難。

脫去上衣一看，胸都包滿了紗布，原來一粒子彈把肺部對穿了，肋骨沒斷，左肺傷，睡倒就不能呼吸，疲倦得要命，可是得坐着。

「這簡直生的坐病嗎！」朱護士長發明了病名。

吃下一碗稀飯，都吐了，下午又吐出好些血，醫生縐縐眉，我問他有沒危險，醫生回答得很好：

「沒有什麼，有二分之一痊愈的希望。」

今天能够喝一點牛奶同稀飯，又多了一分活的希望，可是依然不能睡。

挨餓的人

頂上到下頷纏着紗布，頸上也都是紗布，紗布滲出一滴一滴的血水痕，面部半邊腫得把臉形也變了。子彈從左耳下進去，右下頷下面出來，食管穿着兩個洞，食物是要受阻礙的。

「我受傷了三天，趁夜晚向自己的陣地爬，到昨夜才遇到救護隊。」河北人，用疲倦極了的低聲說。

「你在那兒受傷？」登記員問。

「××司令部，那天夜晚我們進攻，他媽的司令部，對我們一排排的機關槍小鋼砲儘放 沒法，連長叫：『滾進！向前衝！』我正在滾，子彈就鑽進了我底頸子。」他停了一會。「三天我沒有喝一口水，我餓得很！」

我先拿開水給他喝，他 痛得厲害，讓他睡下，我拿湯匙一匙一匙倒進他的嘴裏，他說少痛一點，於是小廚房送了雞蛋牛奶來，仍讓他睡着喝，他老說：『這樣湯湯水水的，傷口不死，也得餓死，醫官，我要住這兒多久？』

寫信

直到今天，我才在傷兵中發現第一個江蘇籍貫的人。個兒不頂高，眉眼也還清秀，換上了醫院的白衣袴，簡直看不出是血戰歸來的男士。右腕傷了，吊帶掛在頸上，左手，被子彈打去了一小指，無名指上却戴着一個金戒指。

他說，我是去春投的軍，現在是個少尉排長，離家的時候，家裏就剩結婚未滿一年的妻同沒出世的孩子。西安事變開拔陝西，總以爲不會回來了，給他底妻去了一封絕命書，等回到南京，妻的來信說預料我一定勝利，希望我能回去看看未見面的兒子，然而告假沒准，卽升做了排長。

『好容易我回到江南，滿希望有個機會回去看看家小，誰知又受了傷，——看護小姐做做好事，我有十二塊錢存在賬房裏，叫茶房給我買點信封信紙郵票。再多謝你給我寫。』他說着抬起了右手，『可憐我底手不能動，你行行好！』

我答應了他，祇要醫院允許，我總給他寄出這封信。他告訴了我他家裏的地址，又趕緊說：

『我底妻叫葉愛蓉，你不要寫做我的名字，因爲她不喜歡這樣的，地址上請你加兩字『洪宅吧！』

畢竟是江蘇人，這麼體貼溫存的。

三角巾

「原來是老表！」一個湖南護士說。

右下臂傷，三角巾絡在頸上，軍服的右袖給絞了，右襟一大片血跡。到院來，衣服不好脫，爽性代他剪了。南昌人，他說：「日本鬼子比共產黨可惡得多！」他曾勦過匪來。

子彈在肉裏，右下臂紅腫異常，而且很燙手，照過X光，確定子彈位置，開刀。小臂上取個子彈，手術室的醫生看來眞是「小事一件，」戴上手套，輕捷地就動了手，——也不知是麻藥上得太少，抑是沒上麻藥，受傷人竟是大聲地嚷起痛來：

「哇呀……啊哦……哎……嗬嗬……」隔壁聽着，不大像人的呼聲，是一種直着嗓子的號。

「打倒……日本……帝國主義……！打倒……日本……帝國主義！……打倒日本……」過了一會，切齒地帶出這句話，這是「冤有頭債有主」的切實地認清敵人，決不是普通遊行時的口號可比。

手術室裏那位白帽白袍白口罩白手套的孝子式的醫生不禁低低說：「這很對！」

報告營長

又是一個連長，有勤務兵伴來。

彈從右後背穿肋骨進去，在左前胸出來，傷了肺，心也帶傷了。失血過多，進院來時像一個蠟人。給他打鹽水針，強心劑，才似乎好一點。

「這院裏還有我連兄弟嗎？」問勤務兵。

「本連有兩個兄弟，昨天來的；營長也來了這兒。」

「營長傷的怎樣？」

「腿上掛彩傷很輕。」

有人想給連長輸血，可是本院沒有輸血器械，有且，心臟破了，輸血也白費。

醫生知道他不行了，問他有什麼話要留下。

「醫官！我知道我不會好了。我沒有什麼話留給家裏。孩子的將來反正有我底妻子管，祇給濟南我家裏去一個帳算子。」喘息了一會，「可是我得託你老一件事，就是代我報告營長：我死的很慚愧，沒能帶我連百五十人打到東京去，希望營長早日傷愈出院，打倒敵人，收復失地！」

出院

連長死去紅十字總會買具百二十元的棺木殮了，勤務兵哭了一天，營長在病床上說

「日本兵又斫！我一隻手。」

今天六八可以出院。

「打電話去××××後方辦事處接洽，一會兒派了一輛卡車來。

六個重獲健康的人，穿上新漿洗過的軍服，笑容滿面，雄赳赳地列隊走到院子裏聽候點名。後面走來二十多個不該出院的傷兵，圍着這六個，你一句我一句吵得一聲也聽不清：

「多高興……又上前綫去哩！」

「喂，老鄉，少殺幾個日本鬼子，留一點給我們。」

「醫官又不給我走，眞悶得慌！」

「你們眞是運氣！」

醫生走來點名，分開了其他的傷兵，逐個喊去：

「×××！」

「有！」一個立正，舉起了右手，有力的應聲。傷兵中的「D字」在自己看臂架子。」

車子走了，傷兵羣還在鐵門條上向外張。

雜碎

醫院的名字，是：「中國紅十字會總會上海市救濟委員會第×救護醫院，」（是與各醫院一樣，由衛生局的各醫院各事務所合組的。）

正院長，直爽的廣東人，祇是太「典型，」就未免太「鄉土觀念•」

副院長，大腹賈樣子，「兩面國」的臣民，見副總護士長則眉開眼笑。

醫師二十六位，三個女性。八時來，五時歸，無一住院者。

晚間，醫院是護士的世界。

總護士長，四十歲的女人，和善而老練，據說是正院長特選來的。

副總護士長，二十七八歲，高大的北方女人，一頭黃頭髮捲着金波，約以綠色緞帶，一張馬臉。畫眉塗唇，細猪眼配一個多肉的鼻，笑起來嘴角却向下彎，自以為「北平話」很嬌脆可聽。早起化妝二小時後，抱起白皮夾子各樓亂逛，播送國語；既立了威，又販了美，不够抖勁兒嗎？

護士大部份是職業的，各院各所調來，不大能合作，閑言閑語不少。

非職業護士，一部是市府某局派來服務的，由某局給養，一部是某女校的看護訓練班派來，都是女學生與女教員，由院中供膳宿。許多給傷兵以同情的是非職業護士，因為看慣了病人的職業護士們見着病痛已無動於中了。（筆者是非職業護士中的前者，所以常常感到這『少見多怪』的難受。）

茶房（工友）不大聽後者的指揮。

女宿舍有女僕一雙，是滬北××醫院帶來的，現在雖吃的『第×救護醫院』的飯，却只認得滬北××醫院的護士小姐們，於是，這一雙女僕，我們名之曰『御用隨房娘姨。』

一條尾巴

最後，我要請讀者格外原諒的，是本篇實在寫的太不成東西。

第一，護士分日夜二班輪值，日班是上午七時到下午七時，夜班是下午七時至次晨七時，一天工作十二小時，還得自己洗衣服，精神疲倦極，工作後拉雜寫來，自然也昏頭暈腦的。

第二，宿舍中空無所有，睡地板，自備草蓆一條而已。席地寫此，倒像前清的殿試進士，然而我不慣。

得暇再會！

——蔡上女士、八月卅一日於大通路——

記殉國的飛將軍戴廣進

四年以前，當記者剛從中學走出來的時候，曾下過投考航空學校的決心，可惜後來因爲自己近視眼的程度過深，不得不打銷了壯志。但是，我很驕傲，因爲我有幾個同學都是學航空的，而戴廣進兄就是其中之一。

認識戴君是三年以前的事：

在光華大學的網球場上，我時常遇到一個高個子和另一個很矮小的廣東同學在打網球，那廣東同學常常給那個高個子打直落三，我就開始注意了這高個子。

後來，到一個同學的房間裏去玩，經那位同學的介紹後，才知道這個高個子就是全校聞名的戴廣進，是一個全能的運動家，網球足球和排球都代表過浙江省，在全國運動會裏曾出過風頭，此外對於田徑賽亦很擅長。

因爲時常到那個同學房裏去玩，我和戴君漸漸的混熟了。戴君原籍安徽，因爲在蘇州晏成讀過多年書，所以亦說得來幾句蘇白，但總脫不了皖腔，大家時常以這一點和他開玩笑。他研究的是經濟，然而對於政治卻很注意，常常爲了政治問題，而和人家辯論得面紅耳赤。

有一天，我預備問他借一本筆記簿，一推進門就把我呆住了，他們一房間五人每人都俯了身子，把頭頂在雨傘柄上打轉，口中數着：「十四，十五，十六……」

「你們在幹什麼玩意兒？」我驚問：

沒有回復。

「廿一，廿二，廿三……」繼續數下去。

『這樣轉，轉，有什麼意思，你們又不是無錫人，何必團團轉？』我有些生氣。

這時，老光吃不消倒了下來，接着老徐小張都倒了下來，祇有廣進在繼續轉。再過一分鐘模樣才停止。

「到底，老戴最厲害，航空學校他一定可以考進。」老徐氣吼吼漲紅臉說；到這時，我才明白他們是在比賽，但是我是總弄不懂「轉」與航空的關係。便提出疑問。

「老戴這樣轉到底和航空有什麼關係？」

他一面拭汗一面說。

「考航空學校時有這樣一種試驗，驗驗你在長時期旋轉後，神志是否依舊清醒，否則把一架値幾十萬的飛機交給你，你在轉三個五個轉後便失了知覺，把一隻飛機送了去，國家的犧牲太大了。我因爲要考航校，所以天天在練習，他們不相信，要和我比一比，到底輸給了我！

自從這次以後，我才知道廣進有考航空學校的壯志。後來，果然從老徐那裏聽到他已考航校的消息。而以後有一天，當我和他在走廊裏相遇時，我就取笑地說；

「老戴！你考取了航校，通知亦不通知我一聲，眞不够朋友；現在已經這樣神氣，將來橫渡太平洋回來，或者到東京去下了幾個鐵蛋回來，眼睛不知道要生在那裏了。」

他急忙辯道：

「那裏的話，我已經立定志向，從今天起，不抽香煙，把三千根頭髮薙得光光，好好的學他幾年，將來到東京去一次，出出鳥氣。」

忽忽的一個學期結束了。從下學期起，廣進便進了航校，而我們光華就少了一個運動健將，我個人亦少了一個知己朋友。每當中日風雲緊張的時候，我就想起一個高個兒。同時每當江大比賽時，一定有人提起「戴廣進」這三個字。

去年當中日關係緊張的時候，他寄來了一封信，內中有一段說：

「我們一隊人，每一個人都是年青力壯的漢子，長時期的訓練把我們練得像鋼鐵一樣的堅硬，火花一樣的活躍，只要一聲命令，我們在幾秒鐘之內，就可以把我們的鐵鳥飛騰起來。載滿了重量炸彈，幾小時之後，在日本的天空上出現，轟！轟！轟！我們的炸彈在敵人的火藥庫、要塞、要港上開了燦爛的花朵。這玩意眞够味！」

七月七日的蘆溝橋事變掀起了全民族抗日的怒潮，在北方，在南方，我們忠勇的將士把鮮紅的血染赤了北平與上海，我們的紅星將士接二接三的給予倭寇以嚴重的打擊，不但炸了敵艦，並且炸燬了敵軍的根據地，震碎了敵人的膽，炸破了敵人三星期把中國人趕出上海的迷夢。

每當我機乘月明星稀之夜來滬！暗襲敵艦，敵艦倉皇應戰，亂放高射砲的時候，我相信這裏面一定有我的朋友廣進在內，我就很驕傲的對一同看的人說：

「這許多紅星戰士裏面，有『我的朋友』在內。」

同時每當報章上發表了某地我機擊落敵機若干架時，我就相信廣進又建了功勳。

是昨天——中秋節——的夜裏，整個的大地都浸在銀光裏的時候，我們一羣愛聽國事的青年，正聚在一架收音機旁邊在收聽中央電台報告新聞，英文報告的時候，我們聽到：

「日機四十六架襲京，我機十六架起而應戰，結果擊落敵機四架，我機二架受傷，我空軍戰士黃居國戴廣進殉難……」

「戴廣進不就是你天天提到朋友嗎？」弟弟問。

「不會是他的，廣進很勇敢，決不會這樣就死的。」我的心別別跳起來，臉上亦有些熱，同時一個高個子的影子又在我腦海裏搖幌。

英語報告結束後。接着就是國語報告，同樣的是：「我空軍戰士黃居國，戴廣進兩君殉難。」這才把我剛才的疑竇打破！我心裏接着就好像有塊很重的石塊壓着，透不過氣來，同時眼腔裏亦漸漸溼了。

廣進的殉難是值得我們一哭的，他懷有這樣的志氣，賦有這樣的體格，又這樣的年青，竟這樣的殉難了。他轟炸東京的願望沒有達到，就死難了，眞可惜！這責任，在我們後死者的身上！

——俞振基——

滬戰一月記

後發先制

自七月七日蘆溝橋事件發生，日軍在北方挑釁得手，乃決擴大範圍，向滬用兵，八月九日適有虹橋中日軍衝突之事，日本小題大做，故作張惶，除原駐上海之海軍陸戰隊六千人而外，並加以長江上游退滬及暗由吳港調來之陸戰隊共約三千，連同在鄉軍人，合之已逾萬人，軍艦駛入浦江者二十餘艘。十一日下午日軍爲藉此可以大肆威脅，遂向市長俞鴻鈞提出「撤退保安隊，撤除防禦物」等無理要求，當經正言拒絕，我方從而察知日軍侵滬之舉，勢在必行，遂有八十七。八十八兩師調滬增防之緊急對策。該師等窮一夜之力，以急行軍達成任務。十二日清晨，閘北，江灣，殷行，吳淞一帶，已佈滿我頂盔執銳之士，在我領土內執行其軍人天職矣。反視日軍張惶紛亂，部署不周，延至十三日晨，始以少數部隊向我江灣，閘北陣地出擊，八、一三戰幕遂因之揭開。此一陣線，至今仍爲我軍扼守，軍學家認爲理想雖高事實難行之「後發先制」，我軍竟能儘量發揮其功能，由此一看，關係一月來之戰局者，蓋非淺鮮，否則租界之敵早已正面進軍，無勞繞道侵犯江岸之綫，而作苦戰矣。

空軍處女戰

一、二八之役，制空權全在敵手，八、一三抗戰之第二日，五年來我政府人民共同育成之國防新勢力，始伸其銀色雙翼，以英勇之姿態，展露於浦江上空，市民歡欣狂悅之情，實難描畫。我空軍與敵在此役中均爲處女戰，敵之數量優於我，我之質量優於敵，而空軍鬥士之勇敢，敵則望塵莫及，我有不甘作虜擊敵求死之空軍壯士閻少尉，敵有降落滁州號地乞降之航空員，由此可證敵我之戰鬭精神，相去天遠。十四日起，我空軍屢次穿越敵之高射炮圈，轟炸『出雲』，其沉着勇敢尤為中外人士所欽佩，敵機以台灣北部及淞口洋面為根據，向我京，杭，贛，皖等地襲擊，據軍政部發表，自十四日至十六日之三日間，被我擊落者，已有三十六架，敵司令官長谷川。淸，二十七日報告日政府之數字，則為被我炸毀及失蹤者四十二架，受重傷者十六架，輕傷二十二架。合為八十架。九月十日又據南京正式發表，截至八月卅一日，我軍已共擊落敵機六十一架，九月一日以後，散見報載被擊燬之敵機亦有十餘架。祇此損失，敵已使其人民負擔三千餘萬元之巨，加之敵機無的放失，濫肆轟炸不僅我無辜平民，慘被殘殺者不下數千之衆，且於八月二十六日在滬錫公路距上海一百公里之地，襲擊代表英國之外交官員許閣森大使，似此狂暴行為，不但遭中國全體國民之憤恨，且已失去凡有正義感國家之同情。

步兵奇蹟

八一三之戰，敵以海軍巨砲，空軍轟炸，協同其陸戰隊作戰，久而無功，遂以正規陸軍增援，我除少數空軍應戰外，餘均步砲兩兵抗敵，炮兵數量甚微，步兵裝備亦簡，而造成之奇蹟，將使世界驚異，茲舉三個實例：一為二十二日攻佔匯山碼頭之役，除五輛坦克稍近機械化部隊外，餘為步兵三營，衝入敵人數年來經營之壁壘，傷亡雖衆，仍攻擊不已，卒將該碼頭一度佔領，殆至敵艦集中火力，封鎖滙山碼頭至天德路華德路一帶連絡綫，東西之敵，又從兩翼夾擊，我進入之軍，在此重大威脅之下，猶不肯退，甚至有一連官兵，全被敵之燒夷彈焚死者，此種攻擊精神，宋希濂將軍喻爲歷史有名之日俄奉天會戰中，日人之犧牲精神，亦遠不及此，一爲九月五日寶山守城之姚子青將軍，以一營之衆，當敵海陸空立體戰術之威脅，苦撐三日之久，乃至全營殉城，此種成仁取義之泱泱大國民風度，非有悠久文化及高尙德性所培育之軍人，孰能至此。一爲九月九日敵以戰車五輛猛衝我春江路陣地時。我軍兵士二名，身裹炸彈，橫臥公路綫上，任其爬進，轟然數聲彈爆車裂，我兵士亦以身殉，是役計毁敵戰車二輛，該綫竟轉危爲安，一、二八敵屢作宣傳之「爆彈三勇士」，視此眞瞠乎後矣。以上所舉僅步兵奇蹟中犖犖大者，至於各部隊在陣地效死不去之攻擊精神，重傷兵尙能鼓其餘勇殺敵四人之事蹟，均足證明我軍戰鬥能力，高敵一等。

砲戰

敵恃以攻擊我軍者，非官兵對於戰爭動機之正確信念，亦非慷慨就死之攻擊精神，乃憑藉其數十年刮削國民膏脂所造成之新式武器，觀其一月以來敵機敵艦之濫肆轟炸，展出消耗戰之姿態，其結果於我無大損害，於其民窮財盡之日本國民，則將迫之於經濟自殺之末路。本月初，日本臨時議會通過之對華戰費追加預算，每月支出已逾二萬萬圓，以其本土人民平均分擔，每人每月須納三元之巨，此種艱難困苦之血汗代價，盡由日軍輕鬆容易加以浪費，以攻擊寶山一城而論，爲欲消滅我一營守兵，以敵艦數十艘集中火力，敵機三十餘架之不斷投彈，窮三日之力，城固爲毀，而鎗礮彈藥之資，所費不下千萬元矣。其攻擊吳淞之戰術，亦係如此，進犯沙龍口等處，則採所謂「精兵主義」，質而言之，化步兵爲自動武器之機關鎗手，其放射子彈之速度愈高，其財政負擔當然愈大，日本非富有之國，如此闊少作爲，近衞欲支持至本年年底，恐亦無此精力矣。至於純就戰術而論，敵艦雖有二十生的以上之大炮，射程雖遠，但須減去泊駐點至江岸之距離，又因我軍固守壕塹之線的陣地，其能加我之損害已少，況我空軍屢予轟炸，及精銳炮兵由××撫其背後，敵艦炮火威力，殆亦相當減少，我之陸軍炮射擊準確，彈無虛落，此固博得最佳輿論之事實，以少敵衆，尤爲難能可貴之精神。

翼攻擊

八、一二我軍控制租界北區毗連之綫後，十三日敵旣首先挑釁，我軍遂採攻勢，佔領敵陣頗多，一度行中央突破，進入匯山碼頭，敵之正規陸軍不能不向滬增援，先後計有六個師團之衆，其戰略亦有變更，不由閘北楊樹浦之綫出擊，而師法一、二八故智，向吳淞一帶江岸之綫進犯，行其「翼攻擊」的戰略，欲在揚子江右岸得手後，包圍我前線之軍，然而五年前之教訓，吾人自未健忘，敵甫犯我江岸，卽遭我守軍痛擊，後雖改擾浦東，亦於十六至二十之五日間被我完全擊退，此後戰事重心，由吳淞移劉河，又移羅店，再移吳淞，敵固傾其全力，我亦增援××師之衆，現在沿江各陣地時作緒戰，主力接觸尚在醞釀，打來打去，亦未打出白川義則之老套中，不過進展十二里之地區而已。我方整理陣地，穩扎穩打，已有充分準備。由劉河至閘北之直角形陣地中，迄今作戰已有一月，彼此仍無多大出入，完全陷於膠着狀態，日軍揚言三星期即可解決之滬戰，已與一、二八之四小時解決我軍同成笑話矣。就目前趨勢觀察，我軍已改攻勢爲守勢，雖處於極爲不利之地形及戰略上，上自統帥，下至員兵，殆均不肯放棄寸土，而求軍事上之便利，故目前我固陷於苦撐局面，敵亦難獲無代價之勝利，縱令敵獲進展，將來之困難，將予敵以不堪設想者，此非故作誇大之言，蓋敵決不能遠離敵艦，孤軍深入，況由淞滬西進，無論我有充分準備，即以縱橫密佈之湖沼而論，我之禦國鬥士，勝於帝俄之軍，而敵軍焉有統帥如與登堡其人者耶？

——楊紀、九月十四日寄自上海——

在火線上

中國人不打中國人（陣地巡禮之一）

九月三十號下午一點鐘底時候，×參議帶領了我們一行四個人來到了××師的師部，×軍的×軍長正坐在電話機面前，見到我們就微笑着說：「你們到底來了！」

經過軍長的介紹後，我和佩蘭坐到用兩張方桌拚成的長桌上方去，儼然像當主席似的那麼端端正正地坐在那裏，起初談了些關於前方戰事的消息，後來大家談話的方向轉到我自己身上了。

「你們眞勇敢，居然也跑到最前線來了！」×師長說着，他們都笑了，我正想說話，却被軍長搶去了機會。

「她是到火線上來尋找文章材料的。」

「好極了，好極了，這裏有一段好材料，讓我告訴你，希望你宣傳一下。」×師長一手抓住了那個擺在桌上還沒有被我發現的炮彈給我看，並且首先告訴我這炮彈是的「信管」，還沒有爆炸的。

「這是從日本軍隊裏，我們的東北人打過來的炮彈，」他開始敍述「信管」的故事，「他們因爲不願轟炸自己本國的弟兄，所以把炮彈帽的螺絲沒有扭緊，因此打過來的一百多枚砲彈，沒有一個是炸的。」

「呵，有這樣的事，是眞的嗎？」

我聽了一面高興，一面還帶着幾分懷疑。

「當然是眞的，這個「信管」就在我們師部的門口拾的，如果炸了，我們不都完了嗎？」

正在大家聽了哈哈大笑時，×師長又接下去說：

『唉！東北四省的同胞眞可憐，他們因爲被日本帝國主義者壓迫來當炮灰打中國，其實他們是和我們一樣熱心愛國的，因爲不忍屠殺自己的同胞，所以費盡苦心想出打啞彈而使他不炸的方法來敷衍日本人。誰知道這祕密立刻被發覺了，這兩天鎗斃了大批的東北人。此後每三四個東北人，就有一個日本兵監視他打炮彈。所以今天打過來的都爆炸了。

還有一次是在夜間放步哨的時候，兩方面的哨兵開始談話了，『喂，弟兄，中國人不打中國人，我們的鎗朝天放，你們爲什麽眞的向我們打來。』東北人這樣說。「我們怎麽知道敵人裏面還有自己的弟兄，你們爲什麽不反過來，掉轉鎗頭向日本鬼子放？」我們的士兵剛說到這裏，東北人忙說：「快不要說了，弟兄！班長來了！班長來了！」那種慌張恐懼的聲調，眞正可憐到極點了，等到班長一走，他們又繼續着談，東北人說：「我們何嘗不願意掉轉鎗頭打日本人呢？只是被他們監視，被他們強迫沒有辦法，我們如果不開鎗，他們就在後頭打我們。」唉！弟兄，你們未免太不行了！」我們的士兵回答他，「幾個難到還打不死他一個嗎？你們有很多人早就應該打死他們反正過來，要知道日本鬼最怕死，老是躲在後面驅使你們來打先鋒。你們橫直是死，與其被我們當做敵人打死，不如因愛國而被日本人鎗斃的來得光榮，偉大！」剛說到這裏東北兵又匆忙說：「呵！快不要說了，巡查又來了！」由這些事實證明，可知東北人最大多數都是愛國的，只有少數漢奸甘願被他利用，他們現在都知道日本帝國主義者是世界最凶暴最殘忍的強盜，人種中的劊子手，所以都願意投誠，而我們對於日本的俘虜，都這樣優待，對於東北人自然更要歡迎他全體反過來和我們共同抗日！

×師長一口氣說到這裏，大家都覺得特別興奮起來，誰說東北人不愛國？他們在敵人的監視，敵人的高壓之下，居然敢違抗命令，不轟炸我們，居然敢反正，他們是愛國的，勇敢的！我們不但要同情他，敬愛他，欽佩他，而且更希望他們全體反過來和我們英勇抗日的弟兄站在一條戰綫上和敵人拚命，打回老家去，收回中國所有的失地！

我又拿起「信管」來，細細地看了一番，這是一顆能夠打三千六百米達的炮彈，上面刻有「東」「昭」「加修」等字，很重，我想至少有一磅多。

『感謝我們的東北同胞，否則一百多個礮彈，不知要炸毀我們多少房屋，炸死我們多少戰士？』我說着，高興得幾乎要大叫起來。

在斜風細雨，礮聲隆隆中，我們辭別了主人披上偽裝，向××地××師進發。

一九三七，十，一，上午三時謝冰瑩於××陣地。

告別上海

上海退出之一

上海是中國交通最便利的都市，平時在黃浦灘邊，南北火車站龍華飛機場以及公路站上，每天不知有若干千萬人來往，在旅行者本身和上海的住民，對於這千千萬萬出入於上海的過客，只是一種平凡的感覺，只不過覺得有些人來到上海，又有些人離開上海而已。

『八一三』抗戰爆發，上海對內地交通情形立刻改變，京滬鐵路之上海蘇州段不通了，如果要走鐵路的話，只能從滬西或者南市上滬杭鐵路，至嘉興轉蘇嘉路，至蘇州始仍入京滬正軌。上海和內地最主要的水路交通是揚子江一綫，「江陰封鎖」又使這一線完全斷絕，不過上海蘇州河經蘇州通鎮江的內河水道，仍保留多少運輸價值，而京滬公路交通之繼續，若干重要人事的來往，仍給予上海以某種程度的安慰。日本飛機曾經不斷的轟炸我們的火車汽車和蘇州河上的船隻，並曾炸傷了松江附近的鐵橋，造成了相當數目的傷亡和交通工具的損害，但是我們艱苦的交通仍然繼續着。

大場失守，接着是十月二十六日閘北的撤兵，蘇州河南岸成了第一線，內河公路和鐵路交通，都受到極大的影響，在這一線上往來的人們，漸漸被人們看作珍奇了。十一月八日夜間蘇州河南岸陣綫因敵軍在杭州灣北岸之登陸，松江之告急，而不得不向西撤退。敵軍進佔了滬西，進圖南市浦東，於是上海至內地之舊有交通綫，至此完全斷絕。上海漸由「半島」之形勢，轉化而成『孤島！』這時最近的交通綫，是北經江北之南通，轉內河或公路以至鎮江，南經寧波杭州以入京贛。但是上海南通間的長江水道，和上海寧波間之海道，皆在日本海軍絕對控制之中，於是通過這一段相當成問題！

然而時局一天一天的緊迫，敵人飛機成隊的在南市浦東投彈，甚至有繞過租界的上空，英法軍的高射炮已經對於越入租界上空的敵機，不斷發空彈警告，焚燒的煙火，繼閘北荒涼之後，而瀰蔓於租界的東南西三面。無論如何麻木的享樂階級，也不得不暫時停止糜爛的呼吸，而關懷着租界週圍的戰爭了。

因為中國軍隊的撤退，大家都預料到日本一定對於租界內的活動，將取干涉的態度，特別是在公共租界，恐怕還要求行政權的更大參予，對於租界內之抗日言論，勢將要求取締，而對於一般抗日領袖分子，恐將用種種方法加以危害。果然事實慢慢的來了，公共租界已經正式令租界內各種報章雜誌舉行「登記，」並令各種救亡團體停止積極活動，且對一部救亡團體加以搜查。據傳聞日方尚要求租界當局逮捕四百名以上之所謂『抗日份子，』及壓迫租界中抗日言論的流行。十一月八日晚蘇州河撤兵之後，日本人已經在法租界中心的霞飛路和公共租界的南京路大量出現。許多人從外僑方面所得消息，租界當局對於日軍之強力要求，並沒有有效的拒絕辦法。於是大家的情緒，一天比一天緊張。

本來上海是無永久防禦工事的地帶，在日本海陸空的主力威脅下面，我們當然無死守的可能，而且從軍事的觀點上說，更無死守上海的必要，照我們以蘇嘉路為軸心的國防工事說，上海本不在陣線之內，上海的失陷本不值得大驚小怪的事體，然而許多迷戀上海物質享受和缺乏遠見的人們，却把上海的退失認爲是意外，認爲是極重要的失敗，而感到悲觀與張惶。

『到內地去！』這本來是從上海的地位考慮中日戰爭時起碼應想到的事情，然而過去政府和民衆還未曾澈底的把苟安心理肅清，未曾切切實實的把上海的地位看透，未曾將應該移往內地的物質和人才早日安排。對上海有切身利害關係的人民對於『八一三』以後的戰事，還懷抱着多少瓦全的幻想，到了上海已成孤島的時候，始感到不到內地別無他法。然而交通又太不容易了。

十一月九日以後的上海，對任何方面的交通，「中國人」的交通工具，全都不能使用。只有外國輪船才有通過日本海軍封鎖綫的特權。無論走南通，寧波，青島或者香港，都成了外商輪船獨佔的航綫。

蘇州河之撤退，無論如何苟安的人也覺得不行了，於是乎大家都想走，而怡和太古兩個公司的船又只有那幾隻，每天還不能平均有一趟船走，粥少僧多，於是乎擁擠，船票預買到一個星期以上，輪船公司更乘機抬高船價，上流到南通本來是三元的房艙，現在是實價八元，而八角的統艙票，經過買辦和小賣票的操縱，有的出了六元五角的代價。

十一月十日傳來消息，從寧波至上海的英國商輪，在吳淞口被日軍檢查了十三小時之久，於是我們十一日離滬的人們，就存了戒心，一切名片文件都不敢隨身攜帶，幷且準備好了避免日軍注意的方法，和萬一應付日軍盤問的語句。

太古輪船公司是那樣毫無情面的對待旅客，武穴輪是十一日淸晨七時開船，而十日夜間還不允許客人上船，然而誰也知道船少人多，要不早一點打主意，就有落後的危險，所以二三千的難民，男男女女老老幼幼十日夜間已經黑壓乚的擁滿了太古碼頭，露宿待旦。半夜的黃浦江邊，車輛和行人，因爲租界戒嚴關係，稀疏了活動，黃浦江水面，沒有船隻來往的破水聲，在馬路洋樓工廠輪船的電燈輝煌中，只聽到敵艦在附近攻擊浦東和南市的「破破破…………」響亮機關槍聲！

天微明了，這三千左右的難民在碼頭上微微蠕動起來，但是碼頭鐵門仍就緊緊的關着，只有外國人才有進去的優先權，白俄「將軍」們耀武揚威的在囤船上渡來渡去，日本轟炸機也面目猙獰地出現我們的上空大家望眼欲穿的看着船上，覺得他們實在已萬分無再留阻旅客的理由。一夜露宿的熬煎，表示在旅客們蒼白的面上。好容易鐵門開了，幾位高大的白俄巡捕却首先衝了出來，大家還沒有任何的動作，他們劈頭就對我們這般旅客無原無故的亂打，人與人間擁得一絲空隙沒有，他們的鞭子打來，誰也無法躲避，普遍憤怒促成了大家目光上的火焰，然而在那時的環境下，又無法加以報復。他們這種殘暴的行動，或者是對他們的老板表示「維持秩序」的能力，可是這些無情的鞭子却大大的教訓了中國人民：靠帝國主義吃飯的傢伙，不會有好東西！

好不容易買到一張統艙票，更好不容易擁進了統艙，二三千旅客從兩個貨艙門口擠了進來，眞是所謂「前仆後繼」，前面進門還沒有站穩，後面已經闖進來了，不到半點鐘，寬大的貨艙已經擠得水洩不通，而後面尙不斷的「挺進」，演成人叢中掙扎的現象，這時苦力階級的朋友佔了便宜，他們雙手幾格，雙脚幾登，很迅速的能找到適當的位置，我看見一對青年摩登夫婦，却困在人叢中一籌莫展，幾度掙扎之後，紳士丈夫的眼睛已經凹入，而少婦的面孔變爲慘白了。在這樣大時代裏面，整個的是「力」的時代，我們要有眞眞實實的力量，才能戰勝強橫的日本，同時每一個人也要有力量，才配參加到抗戰的隊伍中。體力正是我們所需的重要力量之一。

舟過黃浦江，日本軍艦正猛烈的向我們浦東開炮，敵機正趾高氣揚地忽上忽下在投炸彈，沉重的炸彈聲把旅客們的眉毛深鎖起來了，有些年靑人走到船邊探看，回過頭來只是憤怒的微聲嘆息。

黃浦江裏這時正到了好幾艘日本運輸船，滿裝着補充的軍火和增援的敵軍，浦西各碼頭上，日本的軍用材料多如山積，特別是我們標榜建設的虬江碼頭，給敵人運輸上以重大的便利。

江灣吳淞一帶的建築，沒有不被敵人的炮火打得百孔千瘡，特別是吳淞鎭已成瓦礫一片。敵人的汽車和人馬在我們戰士的血染過的黃浦江邊奔忙往復頹垣敗壁間或可以看出敵人臨時的兵營，一部份的敵軍正在江邊草地休息，他們或者正在想：以中國軍隊作戰之神勇，如果把紛飾太平那些物質力量，改成幾個近代要塞，日本欲這樣順利地達到大舉登陸目的，恐怕不能不費重大的代價。

僥倖沒有查船。我們安然繞過炮台灣，到南通的江流上，大概二英里布置一隻敵國軍艦，是的，他們正在對中國作嚴密的封鎖，然而中國人還在另幾方面想新的辦法。

船入揚子江，寬大的江面和疏落的敵影，讓大家的情緒暫時回復平靜。上海巍峨的洋樓，骯髒汚濁的租界社會，現在一件件在我們意識中淡化了。足踏上南通天生港，才算是我們中國軍隊保護的中國領土，我們此時面向着日本，後面才眞正是我們後方。

——長江，十一月十八日南京下關——

中華民國二十六年十二月出版

△每册實價貳角伍分▽

上海抗戰記

著作人　郭沫若 謝冰瑩 等著

發行人　上海抗戰出版社

發行所　上海抗戰出版社

經售處　全國各大書局

讓我們結成一座鐵的
長城，把敵人趕盡。
我們萬衆一心，向着
勝利解放的路前進！

淞沪抗战史料丛书

第一辑： 上海抗日血战史 / 何天言编

第二辑： 上海事变与报告文学 / 南强编辑部编

第三辑： 上海市民地方维持会报告书 / 上海市民地方维持会编

第四辑： 十九路军六十一师百廿一旅淞沪抗日战记 / 张励编

第五辑： 淞沪御侮记 / 沃邱仲子著
挥戈录：上海战事记载 / 民声出版社编
十九路军血战抗日之真相 / 抗日急进会编

第六辑： 上海抗战 / 贾开基编
淞沪血战面面观 / 刘子清编
空军抗战纪略 / 吴亮夫著
远东第一次空中大战记 / 战时读物编行社编

第七辑： 沪难与日本 / 佚名著
淞沪和战纪事 / 佚名著

第八辑： 战地摄影 / 李尊庸编
庙行镇战记 / 赵寒星编
淞沪抗日战役第五军战斗要报 / 佚名著
商务印书馆通信录国难特刊 / 商务印书馆编

第九辑： 十九路军血战全史 / 高慎行编
一二八两路创痕 / 佚名著
一二八的一些纪念品 / 淞沪警备司令部编

第十辑： 军中随笔 / 谢冰莹著
东战场上 / 华之国编
上海前线 / 李女编
大江南线 / 曹聚仁著
东线血战记 / 曹聚仁等著
别动队在浦东 / 郭兰馨著

第十一辑： 沪战实录 / 杨纪著
上海抗日血战记 / 李剑翁编
淞沪抗日之血痕 / 詹宝光著

第十二辑： 闸北七十三天 / 胡风主编
淞沪火线上 / 范长江主编
上海抗战记 / 郭沫若等著